W0346685

AGIR ET PENSER COMME TYRION LANNISTER

Illustrations : © Cube29/Shutterstock ; © Yulia Buchatskaya/Shutterstock ; © MicroOne/Shutterstock

Direction éditoriale : Stéphane Chabenat
Édition : Zoé Laboret et Aurélie Le Guyader
Conception graphique et mise en pages : Marion Alfano
Conception graphique de la couverture : olo.éditions

Les Éditions de l'**Opportun**
16, rue Dupetit-Thouars
75003 Paris
www.editionsopportun.com

Ilan Ferry

AGIR ET PENSER COMME TYRION LANNISTER

Les Éditions de l'**Opportun**

SOMMAIRE

INTRODUCTION

Depuis la fin de la série des millions de fans dans le monde entier se sentent orphelins. Pendant huit saisons et presque autant d'années, ils ont pu vibrer au rythme des luttes de pouvoir pour la conquête du Trône de Fer. Tour à tour choqués, intrigués, galvanisés ou tristes, ils seront passés par un incroyable spectre d'émotions, aussi diversifiées que le nombre d'épisodes qui ont rythmé leurs vies. *Bye bye* Westeros, bonjour (triste ?) réalité.

Il faut bien reconnaître que notre quotidien fait de dérèglements climatiques, de politiciens ivres de pouvoir ou encore de luttes des classes incessantes n'a rien à envier à celui des habitants de Westeros. Le leader de la plus grande puissance mondiale a des airs de Joffrey Baratheon, les affrontements entre forces de l'ordre et gilets jaunes font penser à ceux qui ont opposé la Garde de Nuit aux sauvageons, et l'omniprésence des écrans nous a transformés en véritables Marcheurs Blancs fonçant tête baissée vers notre objectif sans se soucier de ce qu'il y a devant nous. La réalité a rattrapé la fiction et bien malin sera celui qui arrivera à se frayer un chemin loin des dragons !

Et pourtant, s'il y a bien un personnage qui a su tirer son épingle du jeu, c'est Tyrion Lannister. Celui qui compte davantage sur son charme de tribun que sur cette fortune familiale colossale qu'il porte comme un fardeau, fait partie des rares protagonistes à avoir gardé la tête sur les épaules.

Réfractaire à l'idée de dire adieu à Tyrion, Cersei, Jaime, Daenerys ou encore Arya, j'ai décidé de me replonger dans les affres du Trône de Fer, après une ultime saison terrassante. C'est en retraçant le parcours de Tyrion, tout au long de ces huit saisons fortes en émotions, que cette évidence me frappa comme la hache sur le cou de Ned Stark : Tyrion Lannister n'est pas seulement le personnage le plus charismatique de *Game of Thrones,* il est celui dont l'évolution à la fois personnelle et « professionnelle » a été la plus marquante, édifiante (doit-on rappeler qu'il est passé du stade de mouton noir à celui de bras droit de la Mère des Dragons ?). À bien des égards, celui que l'on aura surnommé « le nain », « le lutin » ou « le demi-homme » a su montrer qu'il était un véritable exemple à suivre, de ceux dont les enseignements pourraient bien nous être utiles dans la vie de tous les jours.

Ni une ni deux, je décidai alors de boire chacune de ses paroles, d'appliquer ses enseignements dans la vie de tous les jours. Pour cela, pas besoin de comploter au détour d'un couloir ou de me mettre à la recherche d'un dragon, il suffisait de lire entre les lignes en me posant cette sempiternelle question : « Qu'est-ce que Tyrion ferait s'il était à ma place ? »

« J'AI UN FAIBLE
POUR LES
INFIRMES,
LES **BÂTARDS**
ET LES **CHOSES**
BRISÉES. »

SAISON 1

Tyrion Lannister est libre

« Il n'est point de bonheur sans liberté,
ni de liberté sans courage. »
Périclès

Crédit immobilier, à la consommation, heures supplémentaires, obligations sociales, professionnelles, familiales… si l'être humain se prétend libre, il n'a jamais autant été aliéné à des éléments extérieurs. Époque oblige, nous consommons, travaillons de plus en plus et lorsque le matériel ne nous entrave pas, d'autres obligations prennent le relais. Comme celles de courber l'échine devant un supérieur arrogant, de fréquenter des collègues ou des « amis » agaçants parce que les conventions nous y obligent. De se retenir de toute envie impulsive car la réalité nous rattrape constamment.

Et la liberté dans tout ça ? Pourquoi s'obliger à agir constamment contre notre gré ? À faire taire notre moi profond ? Se censurer ? S'auto-emprisonner ? Parce que la société nous y oblige. Mais l'être dans tout ça ?

S'il est un personnage qui se fiche des conventions c'est bien Tyrion Lannister ! Dès son plus jeune âge, il aura tout fait pour aller à contre-courant des attentes, des obligations dues à son rang, comme un défi adressé à cette famille qui n'a cessé de le rejeter. C'est un Lannister, oui, mais c'est avant tout un être humain épris de liberté et plein de vie qui a eu le courage de se dresser contre l'autorité de son père ! Faisant fi des conventions, allant constamment à l'encontre des desiderata de son père, il a fait le choix d'être lui-même et non ce qu'on attendait de lui. Tyrion n'en a jamais fait qu'à sa tête, et c'est tant mieux. Si l'on devait interroger Tyrion sur le sujet, il dirait probablement que l'avantage d'être un paria au sein de sa famille, c'est que de fait on n'attend rien – ou pas grand-chose – de vous. Sa liberté, Tyrion l'a toujours revendiquée haut et fort, faisant ce qu'il veut quand il veut, quitte à se mettre la moitié du royaume à dos. Depuis sa naissance, il a été dit de Tyrion qu'il ne serait jamais rien d'autre qu'un nain, une « créature difforme », ce dernier a toutefois mis un point d'honneur à démontrer aux mauvaises langues qu'il était avant tout un être humain comme les autres, que son handicap physique ne le définissait pas. Certes, Tyrion est un Lannister et de fait soumis à certaines obligations, mais il n'a cure du regard des autres. Il fait ce qui lui plaît et au diable les conventions… si, de surcroît, cela peut embarrasser son père, alors autant faire d'une pierre deux coups !

Même lorsque ce dernier l'oblige à prendre Sansa Stark comme épouse, Tyrion reste fidèle à ses principes et à la femme qu'il aime, Shae. Jusqu'au bout Tyrion ne fait qu'écouter sa voix intérieure et, bien que parfois enchaîné à la notion de devoir, il n'y a jamais vu une quelconque obligation.

Comme beaucoup de personnes, je suis soumis à un certain nombre d'obligations plus ou moins contraignantes. Et lorsque celles-ci m'accablent au point de me retourner l'estomac, je repense à Tyrion, son idéal de liberté et comment il l'a toujours revendiqué, même si cela impliquait de ne pas plaire au plus grand nombre. Une pensée qui me réconforte : Tyrion étant après tout, un homme (presque) comme les autres.

Comme lui, faites comme bon vous semble : fréquentez les personnes que vous appréciez vraiment, ne courbez pas l'échine devant le poids des obligations et ne laissez pas des éléments extérieurs vous freiner. Ce n'est qu'en étant en accord avec vous-même, vos actes, vos décisions, que vous pourrez être en accord avec le monde extérieur et faire le premier pas vers une plénitude totale.

Être libre signifie avant tout
être en accord avec soi-même.

REVENDIQUEZ LA PERSONNE
QUE VOUS ÊTES.

Tyrion Lannister fait preuve d'empathie

« L'empathie est une vertu publique obligée alors que l'indifférence est un vice privé. »
Jean Dion

Cela peut sonner comme une évidence, mais l'empathie est une vertu qui tend à se perdre... surtout aujourd'hui. Plus que jamais, la tendance actuelle est à la méfiance. Qu'il s'agisse des bénévoles d'associations diverses ou de sans domicile fixe demandant une pièce ou deux, nous « n'avons plus le temps ». Aveuglés par notre propre désir de bien-être, obnubilés par nos téléphones portables et désireux de ne pas laisser la misère du monde bousculer notre petit confort, nous avons développé une forme de carapace face à ce qui nous entoure. Combien de fois dans le métro nous sentons-nous dérangés par ces personnes qui font la quête, racontent leurs histoires alors que nous n'avons qu'une envie : rentrer chez nous sans que cette triste réalité s'asseye avec nous ?

Dans notre monde, comme dans celui de *Game of Thrones*, l'altruisme est rarement récompensé... à quelques exceptions près. Contrairement aux autres membres de sa famille, monstres d'égoïsme ou monstres tout court, Tyrion n'a jamais vu l'empathie comme une faiblesse mais plutôt comme une force. Humilié tout au long de sa vie, mais éduqué comme un Lannister inflexible, il ne s'est jamais servi de sa position sociale comme prétexte pour mépriser les plus défavorisés que lui. À plus d'une occasion, c'est sa compassion qui lui sauve la vie et lui permet de nouer de précieuses alliances. Lorsque le jeune Bran Stark se retrouve totalement paralysé à la suite d'une chute provoquée par Jaime Lannister, Tyrion décide de lui faire fabriquer une selle spécialement adaptée afin qu'il puisse de nouveau monter à cheval. Un acte de pur altruisme, dont Bran saura se souvenir sept saisons plus tard. Tyrion se sert de son instinct comme d'un baromètre, lui indiquant qui a besoin d'aide et qui n'en a pas besoin. Pour avoir été ostracisé toute sa vie, il ne sait que trop bien ce que l'indifférence et le mépris peuvent causer, aussi a-t-il décidé de prendre le contre-pied de son entourage qui agit par pur égoïsme.

De quand date la dernière fois que vous avez fait preuve d'empathie vis-à-vis d'un inconnu ou de quelqu'un de votre entourage ? Quand avez-vous « pris le temps » pour autrui ? **À trop s'habituer à l'individualisme, on finit par se perdre.** Il est bon dans ces moments-là de prendre exemple sur Tyrion et de voir comment son empathie a fait de lui le plus humain des Lannister. Si le contexte n'est pas le même, bien entendu, souvenez-vous de la raison pour laquelle nous l'aimons tant et la réponse vous apparaîtra comme une évidence. Comme Tyrion, faites confiance à votre instinct : derrière chaque appel à l'aide ne se dissimule pas forcément un calcul savant – c'est justement ce type de réflexe qui contribue à nous isoler les uns des autres et à créer le cercle vicieux dans lequel nous nous retrouvons enfermés. Nous sommes TOUS capables d'empathie : pas besoin d'avoir nous-mêmes subi les affres de la vie pour comprendre quand une autre personne a besoin de nous. Au contraire, c'est cette capacité à comprendre l'autre qui fait notre force, l'opposé serait plutôt signe de faiblesse.

Même si vous ne pouvez pas agir concrètement, votre capacité à saisir les malheurs d'autrui et à faire preuve de compassion est déjà un acte suffisamment fort en soi. Ne le reniez pas.

AU LIEU DE TOURNER LE DOS
AUX PLUS DÉMUNIS,
TENDEZ-LEUR LA MAIN.

Non seulement vous en ressortirez grandi mais il se pourrait qu'ils vous le rendent au centuple un jour… comme Bran avec Tyrion !

TYRION LANNISTER EST CHARISMATIQUE

« Le charme : une manière de s'entendre répondre "oui" sans avoir posé aucune question claire. »
ALBERT CAMUS

De mémoire, la dernière fois que j'ai réussi à captiver une audience, c'était pendant un spectacle de fin d'année en CE1 ! Depuis, le temps et les responsabilités m'ont appris à être plus discret, à me mettre au second plan. Mais était-ce vraiment une bonne idée ? Bien décidé à en finir avec cette morosité ambiante, j'ai cherché un peu partout un exemple à suivre, un gourou qui pourrait m'exhorter à m'assumer. Contre toute attente, mon coach m'attendait bien patiemment à Westeros...

Tyrion a beau être petit de taille, quand il entre dans une pièce on le remarque, preuve supplémentaire que si la valeur n'attend pas le nombre des années, elle n'a que faire non plus des centimètres ! Ne vous fiez pas à sa petite taille – d'autres l'ont fait et s'en sont mordu les doigts – : derrière son apparence hideuse (du moins dans sa version littéraire), Tyrion cache un monstre de persuasion, de ceux qui vous envoûtent en un tour de main. Car oui, Tyrion a beau être le cadet de la fratrie Lannister, son charisme est aussi dévastateur que les coups d'épée de son frère Jaime.

Sauf que, contrairement à ce dernier, il n'a pas besoin de se battre pour marquer sa présence. Sa décontraction, son assurance suffisent amplement à le faire sortir du lot. Tyrion s'assume et c'est déjà beaucoup !

Contrairement aux idées reçues, son charme n'a rien à voir avec la fortune ou la réputation sulfureuse de sa famille. Tyrion a appris à se faire tout seul, il a compris que dans ce monde, capter l'attention nécessitait davantage qu'un porte-monnaie garni. La grande force de Tyrion réside dans sa façon d'arriver à vous faire faire ce qu'il désire tout en vous faisant croire que c'était votre idée. S'il avait vécu en 2020, nul doute qu'il aurait été le maître des VRP, le plus grand commercial qui existe et que tous s'arracheraient. Les relations publiques sont son point fort ! Et s'il arrive à autant fédérer autour de lui, à parvenir à ce qu'on le suive les yeux fermés, c'est justement grâce à cette aura extraordinaire qu'il a su développer au fil du temps. Et peu importe au final s'il cache (mal) d'immenses fêlures, elles le rendent plus humain et donc d'autant plus attachant.

Sur ce point comme sur beaucoup d'autres, Tyrion est un exemple à suivre. S'il lui arrive de mentir pour des besoins stratégiques, il ne se cache jamais derrière des faux-semblants. Malin comme un singe, il a bien compris que la comédie humaine n'avait pas besoin de davantage de duplicité. Comme lui, n'usez pas d'artifices, soyez honnête avec les autres comme avec vous-même. Ici comme à Westeros, la duplicité ne pardonne pas et les gens savent pertinemment quand vous faites semblant. Pas besoin d'en faire des tonnes pour marquer votre présence, au contraire, une certaine retenue sera davantage appréciée, car jamais perçue comme ostentatoire. Le charme est un savant alliage d'intelligence, d'humour et d'élégance mais également de ce petit quelque chose en plus qui n'appartient qu'à vous et vous permettra de vous distinguer de la masse. **Être différent, faire la différence ne peut et ne doit jamais être perçu comme préjudiciable**. Assumez totalement qui vous êtes, assumez cette personnalité qui vous distingue des autres et vous rend si atypique.

Comme Tyrion, apprenez à faire beaucoup avec peu,
CROYEZ FERMEMENT EN VOUS ET EN VOTRE CAPACITÉ À CAPTIVER VOTRE ENTOURAGE.

PORTRAIT CHINOIS DE TYRION LANNISTER

1. Si Tyrion était UN ANIMAL

UN LION. Oui, cela peut paraître paradoxal vu sa taille, mais à y regarder de plus près, Tyrion entretient plus d'un atome crochu avec le roi de la jungle : le charisme, la férocité, la patience... à l'image du lion, Tyrion est l'incarnation même de la force tranquille... et puis, n'oublions pas que c'est le surnom que lui donnait Shae, l'amour de sa vie !

2. Si Tyrion était UNE PLANTE

UN COGNASSIER DU JAPON. Doux à l'extérieur, piquant à l'intérieur, Tyrion, comme le cognassier du Japon peut se révéler particulièrement redoutable en mode défensif. Lorsque Tyrion, fait prisonnier par Catelyn Stark, tombe dans une embuscade tendue par des hommes des collines, il n'a d'autre choix que de se défendre avec une violence qu'on ne lui connaissait pas jusque-là. Allant jusqu'à tuer l'un de ses assaillants, il met ainsi fin au combat.

3. Si Tyrion était
UN ÉLÉMENT

L'AIR. Contrairement à la terre, Tyrion n'aime pas qu'on lui marche dessus, il n'est pas non plus du genre à déchaîner des torrents de flammes quand il est en colère (comme une certaine Daenerys), et l'eau ne fait pas vraiment partie de son régime alimentaire. Reste l'air : comme l'air, Tyrion a un côté nomade, il va là où le vent le porte.

4. Si Tyrion était
UNE PIERRE PRÉCIEUSE

UN ZIRCON. Pas une pierre précieuse mais plutôt semi-précieuse. Comme le zircon, Tyrion est doté d'une grande résistance, capable de résister aux pires conditions !

5. Si Tyrion était
UNE SAISON

L'AUTOMNE. Vous vous doutez bien que Tyrion étant un Lannister, le comparer à l'hiver aurait été mal venu et prompt à déclencher une nouvelle guerre entre les familles !

6. Si Tyrion était
UN MOMENT DE LA JOURNÉE

LE MIDI. Forcément, si Tyrion était un moment de la journée, cela impliquerait de se remplir la panse avec moult nourriture et alcool – et quel meilleur moment que le midi, surtout quand il est suivi ensuite d'une bonne grosse sieste ?

7. Si Tyrion était
UN DES CINQ SENS

TOUS. Tyrion sait faire un usage aigu de ses cinq sens… même si la moitié de son nez s'est fait la malle après la bataille de la Néra !

8. Si Tyrion était
UN PAYS

LA FRANCE, soyons chauvins : pays du bon goût, de la gastronomie et du bon vin ! Avec sa richesse à la fois culinaire et géographique, nul doute que notre beau pays aurait de quoi satisfaire Tyrion et sa soif… d'aventure !

9. Si Tyrion était
UNE VILLE

ENGHIEN-LES-BAINS. Comme Tyrion, Enghien est petit mais ne manque pas de charme ni d'atouts. Composé d'un casino, des thermes et d'un lac, la ville, à l'image de Tyrion, ne cache pas son goût prononcé pour le jeu et la détente.

10. Si Tyrion était
UNE PLANÈTE

MERCURE. La plus petite planète du système solaire est aussi celle qui réserve le plus de surprises. Comme Mercure, Tyrion aime souffler le chaud et le froid !

Tyrion Lannister est calme

« ***Aucun bonheur n'est possible dans l'ignorance, la certitude seule fait la vie calme.*** »
Émile Zola

Le fléau du siècle n'est pas un virus… même s'il peut se traiter de façon médicamenteuse ou par l'entremise de thérapies diverses et variées. Il ne s'agit pas non plus d'une arme militaire (bien qu'il menace à tout moment d'exploser), ni des réseaux sociaux ou des téléphones portables, même s'ils peuvent révéler le pire de nous-mêmes. Non, le fléau du siècle est aussi actuel qu'intemporel et prend ses racines dans un mode de vie où le mouvement constant, l'implication à la fois émotionnelle et professionnelle sont devenus la norme. Ce fléau, c'est le stress.

Aujourd'hui plus que jamais nous sommes continuellement sur le qui-vive, pressés, compressés par un mode de vie qui ne supporte pas l'inertie. Nous vivons dans un état de stress perpétuel qui nous fait courir constamment ; mais courir après quoi ? Le temps ? Nous ne le prenons plus. À l'image de l'information qui se diffuse à une vitesse astronomique, la société actuelle ne nous permet plus de ralentir ou marquer un temps d'arrêt, et nous oblige à la suivre dans son mouvement incessant n'acceptant ni la paresse ni la passivité. Elle nous oblige à être dans une forme d'activité totalement artificielle confondant vitesse et précipitation. La ville bouge vite et il faut garder la cadence, sous peine de se retrouver sur le carreau. Et gare à ceux qui ne suivent pas le mouvement. Ne pas être aussi pressé ou rapide que les autres, c'est leur être hostile et risquer leur courroux. L'agressivité devant la passivité amène immanquablement à une réaction tout aussi agressive. Malgré nous, nous sommes devenus les rouages d'un cercle vicieux.

Constamment nerveux, sur la brèche, nous produisons sur notre organisme des phénomènes que nous ne contrôlons plus et qui nous aliènent. Il ne se passe pas une journée sans qu'une bousculade, une contrariété prennent une ampleur totalement disproportionnée. Certes, les médecines douces supposées être nos amies nous aident à gérer ces états mais elles ne doivent en aucun cas devenir la norme et faire office de philosophie de vie. Mais sommes-nous vraiment condamnés à rester prisonnier de ce tourbillon qui aura, à plus ou moins long terme, raison de notre santé physique et morale ? Rien n'est moins sûr… encore faut-il pour cela suivre les bons exemples.

Humilié, kidnappé, emprisonné à tort, victime de multiples tentatives d'assassinats… Tyrion a eu mille et une occasions de sortir de ses gonds, mais malgré tout ce qui lui est arrivé, il est toujours resté d'un calme olympien. Tyrion reste un être humain avant tout et, comme chacun d'entre nous, il lui arrive de commettre des erreurs (et quelles erreurs) lorsqu'il subit un trop-plein d'émotions. Il faut savoir que le chemin vers la sérénité est autant pavé de bonnes intentions que d'embûches et qu'avant d'apprendre à se relever, il faut savoir tomber. Une leçon que Tyrion a parfaitement bien intégrée : les seules fois où il a réellement perdu son sang-froid l'ont à court ou long terme totalement desservi. **De manière générale, Tyrion ne s'énerve pas face à l'adversité**. Contrairement à beaucoup de ses congénères, il n'agit pas de manière impulsive mais prend le temps d'analyser tous les aspects d'une situation avec une distance que certains qualifieraient de froideur. En fait de froideur, il s'agit avant tout d'une volonté de ne pas se laisser dominer par ses émotions. Tyrion sait pertinemment qu'il n'a aucun intérêt à donner du grain à moudre à ses détracteurs. Privilégiant constamment la réflexion à l'action, il sait qu'agir de manière irraisonnée le desservira et que la passion doit toujours passer après la raison. Mais comment fait-il pour rester stoïque ? Tyrion est comme tout le monde, il lui arrive d'être anxieux, mais il ne le montrera jamais et surtout il ne cédera jamais devant les pressions extérieures. Il croit en sa bonne étoile et sa capacité à gérer les situations mieux que ceux qui l'entourent.

Regarder Tyrion en action ou plutôt en réflexion est un très bon moyen pour relativiser. S'il est évident que nous ne connaîtrons jamais les mêmes situations que lui, l'état de stress dans lequel certaines situations peuvent nous mettre est tout à fait comparable. Combien de fois réagissons-nous à des choses minimes comme si notre vie en dépendait ? Comme si quelque chose de vital se jouait ?

Comme Tyrion, laissez les choses glisser sur vous et leur apporter la réponse qu'elles méritent. **Agissez au lieu de**

réagir mais jamais de manière disproportionnée. Tout vient à point à qui sait attendre. Lors de son procès pour le meurtre de Joffrey (crime dont il est innocent, est-il utile de le préciser ?), Tyrion répond par un discours dont la force a plus d'impact que n'importe quelle épée ou tentative d'évasion. Parce qu'il a toujours préféré contrôler ses émotions que laisser ces dernières le contrôler, il attend son moment pour donner à ses détracteurs une réponse appropriée, aussi pleine de sens et de vérité que leur jugement est pétri de préjugés et d'injustice. Car oui, Tyrion est une personne posée, prudente qui sait que sa meilleure arme dans ce monde de brutes est sa prose, cette maîtrise légendaire qui, en bien des occasions, l'a placé au-dessus de ses ennemis.

COMME TYRION, APPRENEZ
À CANALISER VOS ÉMOTIONS.

Choisissez vos batailles pour pouvoir les mener de la manière la plus réfléchie et efficace possible. Donnez l'image d'une personne sereine, sûre d'elle, cette maîtrise de soi vous servira toujours.

Tyrion Lannister sait s'imposer

« En imposer pour ne pas avoir à imposer,
voilà en quoi consiste le charisme. »
François Proust

« Le monde se divise en deux catégories : ceux qui ont le flingue et ceux qui creusent. Toi… tu creuses », cette célèbre réplique issue du film *Le Bon, la Brute et le Truand* pourrait synthétiser à elle seule le rapport de force qui s'est aujourd'hui instauré entre les gens.

Il y a ceux qui ont le flingue, c'est-à-dire ceux qui savent s'imposer, prennent de la place en imposant de manière plus ou moins subtile cette illusion selon laquelle ils seraient plus intelligents ou intéressants que vous. Ils envahissent l'espace de par leur personnalité débordante qui ignore ceux qui sont trop modestes pour revendiquer leur place. Combien de fois ces personnes se sont-elles imposées par leur prose, leur rire gras, leurs gestes pleins d'élan ? Constamment. Et combien de fois ont-ils laissé la parole ? Permis à autrui d'exister ? Jamais… ou alors par politesse pour mieux reprendre la parole et se la réapproprier encore et encore jusqu'à ce qu'on n'entende plus qu'eux.

Trop souvent ceux qui « n'ont pas le flingue » préfèrent creuser pour mieux se cacher, se faire tout petit, de peur de prendre trop de place dans l'espace annexée par l'autre. Et pourtant, le monde est bien assez vaste pour laisser tout le monde exister !

Parce que la vie ne l'a pas gâté, Tyrion aurait pu facilement se ranger dans la catégorie de ceux qui creusent. Et pourtant contre toute attente, le plus « infortuné » des Lannister a décidé de tenir le flingue… ou plutôt la plume ! Comme nous l'avons évoqué précédemment, Tyrion a beau être petit, il sait se faire remarquer par son charme, certes, mais également par cette indéfectible confiance en lui. Il suffit d'un regard, d'un mot bien placé pour que Tyrion parvienne tout de suite à marquer sa présence, on appelle ça la force tranquille et notre ami en est le chantre.

En bon stratège qu'il est, Tyrion sait parfaitement délimiter les places de chacun à commencer par la sienne. Armé de son humour et de son flegme, il a rapidement compris que pour se faire entendre il ne suffisait pas de crier plus fort mais plutôt de ne pas avoir peur de s'exprimer. Lorsque Tyrion a quelque chose à dire, il le dit, il ne se cache pas derrière les conventions, ne s'efface pas derrière un tiers qu'il estimerait plus crédible. Non, cette crédibilité en tant que personne, qu'orateur, il la prend, quitte à déplaire aux plus envahissants. Tyrion sait s'imposer non par force mais avec cette subtilité qui le rend d'autant plus intéressant.

À trop se laisser faire on finit par ne plus exister mais aussi vrai que « le Nord se souvient », nous nous souvenons aussi, et avant de tomber dans le piège de l'amertume et de l'effacement total, il faut savoir (re)conquérir sa place sans toutefois jouer le jeu de ceux qui ont voulu nous la prendre. Comprendre par-là que, comme Tyrion, il faut savoir s'imposer, marquer les limites pour ne jamais se laisser marcher sur les pieds. Comme lui, ne vous effacez jamais derrière les autres ou votre tendance à ne pas vous faire confiance. Ce que vous avez à dire est tout aussi intéressant que ce que les autres ont à dire.

APPRENEZ À VOUS IMPOSER
avec le tact et la force de la confiance.

UNE JOURNÉE DANS LA VIE

DE

TYRION LANNISTER

SAISON 1

Les journées de Tyrion Lannister se suivent mais ne se ressemblent pas… surtout au gré des saisons et volumes qui ont égayé son existence.

« **RÉVEIL DIFFICILE CE MATIN…** pardon, cet après-midi, si on en croit l'affairement de la populace dehors. À mes côtés trois jeunes filles nues dorment à poings fermés. J'ai un mal de crâne épouvantable et ma gorge est tellement sèche qu'elle réclame à cor et à cri que je la soulage avec le vin qui se trouve à côté de moi. Pas de godet en vue ? Pas grave, la bouteille encore à moitié pleine fera l'affaire, mais chut, je ne voudrais pas réveiller ces demoiselles à côté de moi. Je prends discrètement la bouteille et que vois-je ? Une quatrième jeune fille. Maudit soit l'alcool qui efface de notre mémoire les moments les plus glorieux. À peine ai-je le temps de porter la bouteille à mes lèvres que mon frère Jaime vient me soustraire à mes plaisirs œcuméniques. La famille Stark vient d'arriver en ville et requiert la présence de tout le clan Lannister. Ça sent le mariage arrangé. Fichu protocole !

PROPRE COMME UN SOU NEUF malgré quelques relents d'alcool, j'arrive à point nommé (avec quelques dizaines de minutes de retard) pour rejoindre le reste de ma famille. Cersei, toujours aussi aimable, me gratifie d'un sourire mauvais dont elle seule a le secret tandis que ce petit insolent de Joffrey me regarde encore et toujours de haut ; il a de la chance que je porte son père en haute estime, et je ne parle pas du gros Robert ! La famille Stark arrive et j'entends déjà les enfants murmurer les pires horreurs à mon encontre, mes pauvres loups, si vous saviez combien les apparences sont trompeuses et les bruits de couloirs fatals. Si je peux vous donner un conseil : gardez la tête sur les épaules. Et en parlant de tête sur les épaules voici qu'arrive le patriarche, Ned Stark. Son arrivée au sein de la Cour pourrait bien apporter un peu d'ordre dans ces couloirs où règnent l'hypocrisie et les secrets d'alcôve. Un peu de décence et de justice ne nous feraient pas de mal dans cet amas de corruption. La jeune Sansa Stark fait les yeux doux à Joffrey, la pauvre, elle ne se doute pas que derrière les habits de prince charmant se cache un monstre de perversité et d'égoïsme. Leur union pourrait bien signer à bien des égards la fin de sa si douce innocence.

ÇA Y EST, LES PRÉSENTATIONS SONT FAITES, les sourires échangés et si je me serais bien passé de tout ce foin inutile et hypocrite, je ne peux m'empêcher d'esquisser un sourire devant ce vent du Nord qui arrive dans nos contrées. Peut-être ma haine vis-à-vis de mon clan me poussera-t-elle à me rapprocher des Stark ? Rien n'est moins sûr, mais gardons l'œil bien alerte, un accident est si vite arrivé !

PLUS PROMETTEUSE, le reste de ma journée se divise entre une visite dans la maison close de Littlefinger, quelques pintes bien remplies et une furieuse envie d'en découdre verbalement avec les béotiens dont je suis la risée. Une après-midi comme je les aime : sans responsabilités ni devoir, le secret d'une vie bien remplie !

C'EST JUSTEMENT CE MÉPRIS DU PROTOCOLE qui m'a incité à partir bien plus tôt du banquet donné en l'honneur des Stark. Même si celui-ci a été extrêmement instructif, ce petit manège m'a très vite lassé. Passablement soûl, je me dirige vers les écuries où je tombe sur Jon Snow, fils illégitime de Ned Stark, avec qui je me découvre de nombreux points communs. Quelque chose me dit qu'il ira loin, ce petit. Le sommeil me gagne peu à peu et il est grand temps pour moi de me prélasser dans les bras de la première femme venue. À demain... après-midi !

« LES **PROJETS** SONT COMME LES **FRUITS**, IL FAUT LEUR LAISSER **LE TEMPS DE MÛRIR.** »

SAISON 2

Tyrion Lannister est patient

« La patience est un arbre dont la racine est amère, et dont les fruits sont très doux. »
Proverbe persan

Si tout vient à point à qui sait attendre, il faut bien reconnaître qu'en ces temps d'instantanéité, ce proverbe est de plus en plus mis à mal. Pris dans un rythme toujours plus frénétique, nous ne savons plus et nous ne voulons plus attendre : un mail envoyé doit recevoir une réponse dans l'heure, un texto doit être lu dans la minute et nous sommes constamment rivés sur notre portable ou notre ordinateur à attendre confirmation qu'un message diffusé sur les messageries instantanées a bien été reçu. Le temps est un luxe que nous ne pouvons plus nous permettre. Et pourtant, à y regarder de plus près, le temps est une denrée moins rare qu'on ne le pense : c'est l'usage que l'on en fait qui le rend si précieux. Comme un bon thé, nous avons parfois besoin d'infuser, de laisser les choses nous cueillir.

Nous passons trop de temps à courir dans tous les sens, à attendre en vain des réponses qui ne nécessitent pas forcément d'arriver tout de suite. Il y a cependant quelque chose d'extrêmement gratifiant à se laisser surprendre par le temps, car c'est ainsi que nous en disposons le mieux.

Tyrion a bien compris cela : homme patient et posé, il sait que le temps est son allié et non son ennemi. Il ne court pas après ce qu'il ne peut maîtriser, il essaie au contraire de l'utiliser à son avantage. En bien des occasions, sa patience a été récompensée et c'est grâce à cette vertu qu'il a su montrer son ascendant sur son entourage et ses ennemis.

Au lieu de tenter vainement de fuir le temps,
d'agir comme s'il n'existait pas,
d'opter pour le « tout, tout de suite »,
PRENEZ LE TEMPS DE LA RÉFLEXION,
PUIS DE L'ACTION.

TYRION A (UN PEU) CONFIANCE EN LUI

« Sois toi-même, toutes les autres personnalités sont déjà prises. »
OSCAR WILDE

Si Tyrion n'a pas beaucoup d'estime pour lui, il a en revanche une grande confiance en lui. Je m'explique : haï dès sa naissance par son père et sa sœur qui le rendent responsable du décès de sa mère, Tyrion a été élevé dans le ressentiment. De cette haine, il a gardé un certain dégoût pour sa personne mais paradoxalement une confiance en lui, qui lui a servi de bouclier tout au long de sa vie. Comprenez par-là que si Tyrion ne se trouve pas beau, il sait pourtant qu'il vaut bien plus que le regard empli de mépris que lui porte sa famille, et cela le place bien au-dessus de la mêlée. Moins gracieux que son frère et sa sœur, il est toutefois d'une intelligence redoutable, à l'égal de son père, l'humanité en plus. Tyrion connaît sa valeur, même si son statut de « mouton noir » du clan Lannister a longtemps été un handicap. Toute sa vie on lui a répété qu'il était un moins que rien, et pourtant il a su aller de l'avant en agissant en accord avec ses valeurs, sa morale, ne laissant jamais à autrui le soin de détruire ce qu'il avait construit, petit à petit. Oui, Tyrion est de petite taille, oui, il est laid, mais ses actes n'ont jamais reflété l'image que les autres avaient de lui.

Contrairement à ce que l'on pourrait croire, la confiance en soi n'est pas quelque chose d'inné, elle s'acquiert et se travaille… bien souvent au fil des ans et à un bien grand prix. Ne vous fiez pas aux apparences : la beauté, la fortune, la situation sociale ne sont pas des conditions *sine qua non* à un plein épanouissement, la confiance en soi est toute autre…

Comme Tyrion, apprenez à être en accord avec vous-même, trouvez dans vos actions une manière de vous épanouir afin de porter un regard sur vous aussi valorisant que vos actes. Par l'épanouissement viennent la réalisation et la confiance en soi. Mais, pour cela, il faut avant tout s'aimer, avoir confiance en soi, être en accord avec son être et ses valeurs.

C'est un apprentissage long, parfois pénible fait de petites défaites et de grandes victoires mais à l'image de Tyrion, si vous parvenez à croire en vous-même plus rien ne vous sera impossible et vous en ressortirez grandi… au sens figuré !

LIBÉREZ-VOUS DU REGARD DES AUTRES
pour laisser éclater au grand jour la personne confiante et assurée que vous êtes.

Tyrion Lannister sait s'entourer

« *J'assurerai la défense du nain.* »
Bronn de la Néra

« Dis-moi qui tu fréquentes, je te dirai qui tu es. » Nous avons souvent tendance à juger une personne sur son entourage. Il est vrai qu'une personne bien intentionnée vous élèvera tandis qu'une personne mal intentionnée aura tendance à vous tirer vers le bas. Dans ce cas-là, la mécanique est souvent la même : la personne mal intentionnée s'assurera de rester dans votre entourage, soit en flattant votre ego soit au contraire en essayant d'asseoir une supposée supériorité souvent intellectuelle. Mais attention, il faut savoir distinguer connaissance et amis.

La connaissance est une personne que vous fréquentez sans qu'un affect particulier n'y soit associé. Vous pouvez à tout moment marquer un temps d'arrêt dans votre « relation » sans que cela change quoi que ce soit. Dans le cas des amis ou de ceux qui se revendiquent comme tels, le cas de figure est double. Il y a celui de l'ami véritable, celui qui sera à l'écoute, qui saura vous guider, être présent pour vous et avec lequel vous partagerez les bons comme les mauvais moments. Les faux amis, eux, opèrent de manière plus pernicieuse et peuvent facilement vous embarquer dans une relation toxique dont absolument rien de bon ne sortira. Comme vu plus haut, ces derniers utilisent un *modus operandi* très pernicieux basé sur la culpabilité. Tels des vampires, ils se repaissent de vos émotions et de votre énergie. Attention à l'influence qu'ils pourraient avoir sur vous, sur le long terme, ces « vampires émotionnels » trouveront le moyen de vous isoler de vos vrais amis. Dès lors, s'il n'est pas trop tard, mieux vaut opter pour une rupture nette, comme un pansement à enlever d'un coup avant que votre plaie ne s'infecte. Le temps de récupération est alors long, douloureux. Mais si vous l'opérez à temps, vous pourrez y trouver le moyen de vous recentrer, de procéder à une réelle introspection. Les retrouvailles avec vos vrais amis n'en seront que plus intenses.

Prenez exemple sur Tyrion : fin psychologue, il ne donne pas son amitié facilement et a su rapidement faire le distinguo entre son cercle « politique » et son cercle de confiance. Comprendre par-là qu'il a su s'entourer des bonnes personnes en sachant pertinemment ce qu'elles pouvaient lui apporter. Au fil du temps et des expériences, il a su se constituer une garde rapprochée de gens qu'il considère comme des amis. C'est par exemple le cas de Bronn – vulgaire mercenaire que Tyrion anoblira plus tard – qui, en dépit des tentations et des frustrations, restera toujours loyal à Tyrion. Leur relation n'a pas été un long fleuve tranquille, loin s'en faut, mais avec le temps, les deux hommes ont appris à s'apprécier sincèrement et à devenir la définition même d'amis. Aussi, à quelques exceptions près (comme Shae, la prostituée dont il est épris), Tyrion a acquis une forme d'imperméabilité face à la trahison. Parce qu'il a su avec le temps accorder sa confiance aux bonnes personnes, il a été capable de survivre à bien des situations.

Comme Tyrion, sachez faire un tri dans votre entourage, rapprochez-vous de ceux qui vous veulent du bien et gardez une distance salutaire avec ceux susceptibles de vous trahir. Des personnages comme Bronn, Pod, et dans une certaine mesure Sansa, ont su élever Tyrion non pas socialement mais humainement.

LA VÉRITABLE AMITIÉ EST RARE,
MAIS SI ELLE EST SINCÈRE
elle saura triompher de toutes les tempêtes…
pour peu que vous soyez honnête avec vos amis
et avec vous-même.

PORTRAIT CHINOIS DE TYRION LANNISTER

11. Si Tyrion était

UN PAYSAGE

UNE VUE D'ENSEMBLE. Tyrion n'aime pas voir le court terme et malgré sa petite taille, il préfère voir les choses en grand.

12. Si Tyrion était

UNE PIÈCE DE LA MAISON

LA CHAMBRE À COUCHER. Tyrion n'aime rien de plus que se prélasser dans un lit bien douillet en charmante compagnie d'une, deux, voire trois belles demoiselles.

13. Si Tyrion était

UN OBJET DU QUOTIDIEN

UN VERRE DE VIN. Forcément si l'on devait comparer Tyrion à un objet du quotidien, ce serait cet objet associé à l'épicurisme et au plaisir immédiat.

14. Si Tyrion était
UN VÉHICULE

UNE MINI COOPER. Classe ne rime pas avec taille. Petits mais costauds Tyrion et la Mini allient l'efficacité au style.

15. Si Tyrion était
UN VÊTEMENT

UN SMOKING. On ne le dira jamais assez : Tyrion a une classe phénoménale et quel vêtement représente mieux cela qu'un smoking bien taillé ?

16. Si Tyrion était
UN LIVRE

GAME OF THRONES. OK, elle était facile celle-là, mais avouez qu'aucun personnage n'est plus emblématique de la saga que notre lutin préféré ! Vous me l'accordez ? Parfait !

17. Si Tyrion était
UN PERSONNAGE DE FICTION

TYRION. Tyrion ne pourrait être personne d'autre que Tyrion et c'est ce qui le rend unique. À défaut, on le verrait bien incarner un James Bond d'un genre nouveau, qu'en pensez-vous ?

18. Si Tyrion était
UN MOT

CHARME. De tous les personnages plus ou moins infréquentables de *Game of Thrones*, Tyrion est celui qui s'en sort le mieux grâce à son incroyable charme. On ne va pas se leurrer, si on devait passer une soirée avec un Lannister, ce serait forcément lui !

19. Si Tyrion était UN FILM

DOCTEUR FOLAMOUR. L'absurdité de la guerre vue à travers des yeux malicieux et plein d'humour que n'occulte pas une certaine fatalité. C'est tout Tyrion !

20. Si Tyrion était UNE CÉLÉBRITÉ

PETER DINKLAGE. Vous n'avez jamais remarqué à quel point Tyrion et Peter Dinklage se ressemblent ? Et puis, on ne les a jamais vus ensemble dans la même pièce, étrange, non ?

Tyrion Lannister évite (plus ou moins) les conflits

« Partout où il y a conflit,
partout où vous êtes en face d'un opposant,
triomphez de lui par l'amour. »
Gandhi

À la guerre comme en société, l'esquive est tout un art. Parce qu'ils n'apportent généralement rien de bon, les êtres humains préfèrent – dans un premier temps du moins – éviter les conflits. Enfin pas tous, et certains s'en nourrissent comme d'une énergie vitale dont ils ont besoin pour compenser un manque, qu'il s'agisse d'un besoin de reconnaissance, de revendication de leur autorité ou parce que leur personnalité est trop débordante pour s'enfermer dans quelque carcan.

Dès lors, on peut facilement se retrouver embarqué dans une mécanique fatale, trop occupé à renchérir le jeu de l'autre plutôt que d'y mettre fin.

Un jeu auquel Tyrion Lannister préfère ne pas jouer.

Totalement conscient de ses limites, prônant la paix plutôt que la guerre, il voue à la vie un amour débordant qui l'incite à éviter habilement les conflits ou à les provoquer. Stratège et fin limier, il pense davantage comme un joueur d'échecs que comme un belligérant, préférant faire feu de tout bois. Un comble pour un Lannister ! Ce serait vite oublier que nous n'avons pas affaire à n'importe quel Lannister.

Dès le début, Tyrion a voulu marquer sa différence par son empathie et son désir de ne pas laisser les choses déborder. Conscient de la folie des hommes, il préfère le dialogue au son des épées et si cette démarche semble quelque peu vaine dans l'univers impitoyable de *Game of Thrones*, elle ne lui a pas été totalement inutile. On pourra arguer que les débordements des souverains dont il a été le conseiller parlent contre lui, mais c'est aussi ce sens de la mesure, cette diplomatie qui l'aura amenée à devenir la Main de Daenerys.

De manière générale, **Tyrion a su se détacher du lot par sa faculté à esquiver les conflits même lorsque ceux-ci pointaient le bout de leur nez**. Comprendre par-là que ce n'est pas Tyrion qui cherche les conflits mais les conflits qui viennent à Tyrion.

Si jamais vous vous retrouvez devant ce cas de figure – ce qui risque d'arriver à bien des reprises dans votre vie –, tentez toujours de trouver au premier abord une issue diplomatique. Le dialogue sera toujours ce qui vous distinguera de ceux qui veulent vous pousser dans vos derniers retranchements. Soyez plus malins que les provocateurs, n'utilisez la force qu'en tout dernier recours et n'avancez jamais vos pions de manière trop offensive. En optant pour le stoïcisme ou le dialogue vous arriverez au mieux à engager une discussion avec votre « adversaire », au pire à le désarçonner. Gardez votre calme en toutes circonstances.

Les gens ont davantage tendance
à retenir les explosions de colère,
même justifiées. Ne jouez pas le jeu de ceux
qui entretiennent le conflit,
PRÔNEZ TOUJOURS LA DIPLOMATIE.

Tyrion Lannister est tenace

« La ténacité peut avoir raison de la raison elle-même »
Paul Carvel

Être têtu est une chose, être tenace en est une autre. Être tenace signifie respecter et faire respecter ses opinions. La ténacité implique une grande confiance en soi, c'est croire en ses convictions car elles nous paraissent légitimes. Aujourd'hui, les gens confondent être têtu et être tenace et n'en font qu'à leur tête en pensant que cela les distingue, confondant « avoir des principes » et « avoir des convictions ». Or, être tenace n'occulte pas une certaine ouverture d'esprit, bien au contraire. Le respect de ses opinions commence par le respect des opinions de l'autre.

S'il peut être une vraie tête de mule, Tyrion n'agit pas par fierté mais parce qu'il croit sincèrement en ses convictions, **il se bat pour une cause juste et la défend**. Cela a notamment été le cas lorsqu'il a rencontré Daenerys. Persuadé de sa légitimité en tant que reine et de la justesse de son combat, il s'est battu à ses côtés pour qu'elle accède au trône et devienne la souveraine que les Sept Royaumes méritaient. La ténacité n'a rien à voir avec la raison mais avec la passion. Bien malin celui qui parviendra à convaincre Tyrion de faire quelque chose qu'il ne veut pas. Beaucoup de gens ont essayé de « dompter » Tyrion, en le mettant dans une case bien définie. Cela a été le cas de son père qui a tout fait pour que son fils occupe une fonction digne de son rang, quitte à ce qu'il se renie. Et pourtant, devant l'acharnement de son père, Tyrion a fait preuve d'un entêtement encore plus grand, refusant d'agir contre son gré pour redorer le blason familial. Sa patience et sa ténacité ont toujours été récompensées à terme. C'est cette capacité à ne jamais céder devant l'adversité ou la pression extérieure qui ont assuré sa survie et contribué à sa légende.

Si vous défendez une opinion, ne vous fermez surtout pas aux opinions extérieures. L'idée n'est pas de combattre les opinions des autres mais de défendre la vôtre, si vous avez l'intime conviction qu'elle vous paraît juste et légitime.

COMME TYRION, APPRENEZ
À NE PAS LÂCHER
et à ne jamais abandonner.

Tyrion Lannister est studieux

« Le savoir est pour l'homme studieux,
la richesse pour l'homme vigilant, la puissance
pour la bravoure, et le ciel pour la vertu. »
BENJAMIN FRANKLIN

En ces temps d'omniprésence des écrans et autres distractions, il est devenu de plus en plus difficile de nourrir son esprit sereinement. L'instantanéité nous contraint à ne plus lire entre les lignes, mais au contraire à se fier à des titrailles toujours plus sensationnalistes. L'esprit a besoin d'être constamment nourri sous peine de dépérir. Face à la bêtise, la culture pourrait bien être votre meilleure arme.

Une leçon que Tyrion a retenue très tôt, aiguisant son esprit au fil des lectures. Cela lui a permis d'acquérir une connaissance accrue du monde qui l'entoure et de ses enjeux. Dès son plus jeune âge, il a compris que son salut ne reposerait ni dans son habileté au combat ou son physique mais dans son amour des lettres, qu'il le placerait au-dessus des autres sur le plan intellectuel à défaut de le faire physiquement. **Tyrion n'est pas seulement un beau parleur, c'est également quelqu'un qui sait de quoi il parle…** un luxe qui n'est pas donné à tout le monde.

Car, si Tyrion est aussi cultivé, c'est parce qu'il nourrit un amour sincère des lettres. Curieux par nature, il aime se perdre dans les études, faire travailler sa matière grise tandis que d'autres aiguisent leurs épées. « Les mots sont du vent » mais ont un pouvoir, que Tyrion est l'un des rares à maîtriser. Lorsqu'il a voulu comprendre pourquoi son cousin Orson, devenu simplet, passait son temps à écraser des insectes, Tyrion ne s'est pas contenté de lui demander, il l'a observé avant de se réfugier dans la bibliothèque à la recherche d'une réponse. Tyrion déteste quand un sujet lui échappe, lui résiste. De cette frustration naît son envie d'apprendre, et de savoir.

Alors que la tendance est à l'idiocratie, il est bon de sortir du lot (et de nos écrans) en permettant à notre esprit de se nourrir d'autre chose que des sempiternelles bêtises, vérités toutes faites dont on nous abreuve constamment. Nous avons trop tendance à nous fier à la pensée unique, à croire que la curiosité ne permet finalement que de polluer nos esprits. Pourquoi ? Parce qu'elle nous pousserait à penser différemment ? C'est justement cette différence qui nous permet de nous construire intellectuellement et nous exhorte à regarder au-delà des apparences. Certes, cela requiert un minimum de travail, mais cet effort-là est toujours gratifiant, d'autant qu'elle sera grandement appréciée. Mais la curiosité est chronophage et demande une réelle implication. Vouloir aller au fond des choses, prendre le temps de le faire, c'est encore mieux. Ménagez-vous le temps nécessaire, une curiosité n'est pleinement assouvie que quand on décide de s'y consacrer vraiment.

N'AYEZ PAS PEUR DE VOTRE CURIOSITÉ.

Lorsqu'un sujet vous intéresse, creusez-le pour en connaître tous les tenants et aboutissants.

UNE JOURNÉE DANS LA VIE DE

TYRION LANNISTER

SAISON 2

« **DEPUIS QUE CE PETIT INSOLENT** de Joffrey est devenu roi, je dors de moins en moins bien. Peut-être est-ce dû à ce climat de terreur qui s'est abattu sur Port-Réal... Les gens boivent avec moins d'entrain, les filles de joie n'ont plus le sourire, juste la peur d'être un soir convoquées dans la chambre du roi. Quant à moi, mes nouvelles fonctions de Main du Roi m'occupent beaucoup, plus que je ne l'aurais souhaité, mais il faut bien que quelqu'un répare les bourdes de Joffrey et montre un visage un tant soit peu humain.

SI ON M'AVAIT DIT UN JOUR que ce rôle m'incomberait, j'aurais ri de tout mon soûl. D'ailleurs en parlant d'ivresse, je me surprends à ne plus boire par plaisir mais pour oublier que, jour après jour, je dois croiser le regard de ce monstre que je dois appeler Sire et dont les exactions m'effraient au plus haut point.

MAIS LA VIE DE DIPLOMATE bien intégré au sein de la Cour à ses avantages : je suis enfin en position de me débarrasser des éléments les plus corrompus et vils et mon charme naturel me permet d'être dans la confidence des intrigues dont Varys et Petyr Baelish (j'avoue préférer son surnom de « Littlefinger ») sont les instigateurs, ils ne le savent pas encore mais je les surveille de très près. J'ai également éloigné Myrcella de l'influence néfaste de sa mère Cersei en organisant des fiançailles arrangées. Cersei me hait plus que jamais pour cela, mais un jour elle me remerciera... peut-être !

SI TOUS LES STARK RESTÉS À PORT-RÉAL sont amenés à céder sous l'épée de Baratheon, que les éléments les plus innocents de notre lignée maudite puissent au moins être préservés. Un peu comme un grand ménage de printemps !

ÇA N'EN A PAS L'AIR COMME ÇA, mais je prends très au sérieux mes nouvelles responsabilités. J'en suis le premier étonné, mais après la désastreuse exécution de Ned Stark, il fallait bien quelqu'un pour redorer le blason des Lannister et en ces temps troublés, nous allons avoir besoin de toute l'aide nécessaire. Je ne sais pas si c'est l'imminence d'une invasion par Stannis Baratheon ou ma rencontre avec la belle Shae, mais je sens poindre une certaine humanité comme si mon petit cœur commençait à s'agrandir. Serais-je en train de développer une conscience ? Que les Dieux m'en préservent ! »

« LES HOMMES
SE BATTENT AVEC PLUS
D'ARDEUR POUR
UN ROI QUI
PARTAGE AVEC EUX
LE DANGER
QUE POUR UN ROI QUI
SE CAMOUFLE
SOUS LES JUPES
DE SA MAMAN. »

Saison 3

Tyrion Lannister est un bon vivant

« Le bon vivant n'est pas celui qui mange beaucoup, mais celui qui goûte avec bonheur à toutes les formes de la vie. »
Jean Gastaldi

Boire, manger, faire l'amour… être bon vivant ne se résume pas à ces trois actes. Au contraire, un bon vivant sait apprécier TOUS les plaisirs de la vie. Mais surtout, le bon vivant est un optimiste, un amoureux de la vie qui met un point d'honneur à la vivre jusqu'au bout. Il faut beaucoup de positivisme pour être un bon « bon vivant », déceler le bon dans le mauvais, le rechercher continuellement.

Tyrion est connu pour être un véritable épicurien, s'il lui arrive de ne pas s'aimer, il tient davantage à la vie qu'il mène et aux plaisirs qu'elle lui offre. Pour lui, la vie vaut la peine d'être vécue pour tout ce qu'elle apporte. Pourtant, il a su faire évoluer cette appréciation de la vie de plaisir égoïste à attachement sincère. Tyrion fait partie de ces rares personnages dont la trajectoire de vie a connu une évolution spectaculaire. S'il ne s'est jamais privé, c'est d'abord dans une idée de fuite : Tyrion se détestant, il voulait à tout prix s'oublier dans les effluves d'alcool et les bras des femmes. Ce n'est que par la suite que son goût des « bonnes choses » s'est affiné pour laisser transparaître ce qui pouvait ressembler à une réelle joie. Amateur de bonne chère, il reste un amoureux éconduit de la vie et donc de l'être humain.

Personnellement, je me considère comme un bon vivant… mais cela n'a pas toujours été le cas. Avant, je me limitais grandement, persuadé qu'il fallait avant tout être sérieux sans profiter des petits plaisirs de la vie. Or, nous avons trop tendance à associer le fait d'être bon vivant à la gastronomie, ce qui est une erreur. Bon vivant, c'est aussi être un compagnon agréable qui ne se censure pas (trop), aime rire, chanter, danser, manger… bref, profiter de tous les plaisirs que la vie nous offre. Ces joies simples, j'ai appris à les apprécier au contact de mes amis qui m'ont enseigné qu'il n'y avait aucune honte au lâcher prise. Être bon vivant fait partie intégrante du cycle de l'existence et s'en priver signifie passer en partie à côté de ce qui compte vraiment.

Il n'y a aucune honte à être un bon vivant. Encore faut-il que cela ne soit pas au détriment des autres ou de soi-même. Pour apprendre à aimer la vie, il faut tout d'abord s'aimer, c'est ce que Tyrion tente de nous apprendre tout au long de son parcours.

Durant toute sa vie, il ne s'est jamais privé, a toujours su apprécier les plaisirs du quotidien sans jamais se demander s'il les méritait ou non. Lorsqu'on le rencontre pour la première fois (du moins dans l'adaptation télé), Tyrion est en galante compagnie et visiblement heureux.

Carpe Diem aurait pu être sa devise. Apprenez à apprécier la vie à sa juste valeur, ne voyez pas dans les plaisirs qu'elle peut vous offrir un moyen de fuir qui vous êtes, la modération au lieu de l'abus vous permettra d'aimer davantage ces petites choses qui rendent la vie délectable.

ACCEPTEZ CE QUE LA VIE VOUS DONNE.

Être un bon vivant passe obligatoirement par le bonheur et l'acceptation de soi et des autres.

Tyrion Lannister est courageux

« ***Le courage n'est rien sans la réflexion.*** »
EURIPIDE

Le courage n'est pas donné à tout le monde, pire : il vient à se raréfier. Il faut dire que de nos jours tout concourt à faire de cette vertu une qualité aussi rare qu'un œuf de dragon. Aujourd'hui, la peur régit la plupart de nos actes face à ce que nous jugeons injuste. Mais la peur de quoi exactement ? De se blesser ? De blesser les autres ? De se ridiculiser ? Nous sommes davantage inquiets des conséquences que des causes. Avant d'agir, nous avons tendance à réfléchir, retourner le problème dans tous les sens, non pour trouver la réponse la plus adéquate au problème qui se pose à nous mais pour trouver la solution qui nous causera le moins de tort. Combien de fois avons-nous voulu nous dresser contre un supérieur qui humiliait un de ses employés ? Ou contre une personne qui en agressait une autre car elle avait l'ascendant sur lui ? Plus courant : combien de fois vous êtes-vous dit qu'il fallait que vous parliez à cette personne qui vous plaît ? Ou qu'il fallait que vous preniez la parole pour ENFIN vous faire entendre ? Dès notre plus jeune âge, nous avons été confrontés à ces cas de figure, et si auparavant l'insouciance de la jeunesse justifiait l'inaction, c'est aujourd'hui la peur qui nous pousse à nous effacer. Mais pourquoi ?

L'injustice, Tyrion la connaît bien. Plus d'une fois il s'est frotté à elle, affrontant la mort en de maintes occasions… S'il avait dû se résigner, il n'aurait pas tenu bien longtemps. Lorsque Stannis Baratheon et sa flotte envahissent la Néra dans le but de renverser Joffrey et de tuer tous ceux qui se dressent sur son chemin, il n'attend pas que ce dernier vienne toquer à sa porte, il n'écoute que son courage et sa malice pour renverser une situation a priori inéluctable. Au final, s'il s'en sort avec quelques blessures, son courage l'a toujours amené à se sortir des pires situations et à se faire d'improbables alliés. C'est aussi le courage d'assumer ses opinions, de défier ceux que personne n'osait défier qui lui aura valu le respect de ses pairs. **Tyrion a conscience de ses forces et de ses faiblesses, mais il ne s'est jamais effacé devant une situation qui lui paraissait injuste.**

La raison peut être notre pire ennemi, il est bon parfois d'écouter son instinct et de se lancer. Le véritable courage ne réside pas dans le fait de foncer tête baissée, mais de s'écouter en faisant fi des éléments extérieurs. Parler en public, s'adresser à l'autre ou même s'insurger implique également de se confronter au regard de l'autre.

LE COURAGE PASSE AVANT TOUT PAR LA CONFIANCE EN SOI.

C'est en croyant en soi que l'on inspire le respect des autres.

TYRION LANNISTER APPREND DE SES ERREURS

« L'erreur est humaine, admettre la sienne est surhumain. »
DOUG LARSON

L'erreur est humaine, dit-on, et pourtant c'est l'une des caractéristiques que nous acceptons le moins chez nous. Que ce soit dans la vie professionnelle ou personnelle, nous nous accordons très peu de marge de manœuvre, si bien que le moindre faux pas peut nous mettre dans de sacrés états, nous faisant ruminer colère et déception. Dans un cas comme dans l'autre, nous sommes peu disposés à apprendre de ces erreurs, car nous n'envisageons les choses que sur le court terme. Même si l'erreur est de moins en moins tolérée, devons-nous pour autant la rejeter complètement ?

Si au début de *Game of Thrones* vous aviez demandé à Tyrion s'il lui arrivait de commettre des erreurs, il vous aurait répondu par la négative avec cette pointe de malice et de désinvolture qui auraient trahi un désintérêt total pour la question. Tyrion a été élevé « à la dure » dans la haine de lui-même – mais également dans un souci d'excellence propre aux Lannister. Un

Lannister ne se trompe pas, au contraire ! Et pourtant Tyrion en aura commis des erreurs, surtout de jugement. Mais voilà, notre héros, rusé comme un renard, a fini par apprendre de ses errances afin de ne pas retomber dans le même cycle qui l'aura maintes fois fait souffrir. **En bon stratège, Tyrion a transformé ses erreurs en atouts**, lui permettant d'anticiper les actions de ses ennemis et d'en jouer. Ce qui ne l'empêche pas de se tromper, au contraire.

Et c'est bien là toute la beauté de la chose : l'être humain étant perfectible par nature, il commettra forcément des faux pas. L'important n'est pas tant de les reconnaître que d'apprendre de celles-ci, car elles peuvent être pleines d'enseignements, notamment sur nous-mêmes. Admettre que l'on s'est trompé, c'est reconnaître ses propres faiblesses. Personne n'aime ça, il en va de notre fierté et de notre ego mal placé. Pourtant, cela nous aide à avancer. Pourquoi tombe-t-on ? Pour mieux apprendre à marcher. La vie est un apprentissage perpétuel, et l'admettre n'est pas une faiblesse, au contraire, c'est une force motrice. Tyrion aussi s'est trompé, accordez-vous la même souplesse.

Vous avez le droit de commettre des erreurs – à condition de ne pas répéter toujours les mêmes ! C'est ce que vous en tirerez qui fera la différence. ENCOURAGEZ VOTRE CAPACITÉ À TRANSFORMER LE NÉGATIF EN POSITIF.

PORTRAIT CHINOIS DE TYRION LANNISTER

21. Si Tyrion était

UN DESSIN ANIMÉ

MOI RENART. Vous vous souvenez de ce dessin animé sur un renard enchaînant les escroqueries et les coups bas mais s'en sortant toujours grâce à son bagout légendaire ? Avouez que vous avez pensé à Tyrion !

22. Si Tyrion était

UN SUPERPOUVOIR

L'INVISIBILITÉ. Même quand il se fait tout petit, Tyrion ne peut pas s'empêcher de se faire remarquer. Et pourtant, c'est quand on ne le voit pas qu'il faut s'inquiéter !

23. Si Tyrion était

UNE CRÉATURE LÉGENDAIRE

UNE LICORNE. Parce qu'une licorne c'est beau et rare... comme Tyrion, tiens !

24. Si Tyrion était
UN JEU VIDÉO

SUPER MARIO. Malgré leurs petites tailles, Mario et Tyrion n'hésitent pas à partir à l'aventure et affronter toutes sortes d'ennemis... sans parler de leur gourmandise légendaire, un champignon pour l'un, du vin pour l'autre. Pas forcément le meilleur régime alimentaire.

25. Si Tyrion était
UNE CHANSON

***LE MAL AIMÉ* DE CLAUDE FRANÇOIS.** Tyrion n'est pas toujours en odeur de sainteté... surtout auprès de sa famille. Tout ça parce qu'il a tué son père et menacé sa sœur !

26. Si Tyrion était
UN STYLE DE MUSIQUE

LE JAZZ. Tout d'abord calme, Tyrion peut vous entraîner dans des rythmes endiablés. Attention à garder la cadence !

27. Si Tyrion était
UN INSTRUMENT DE MUSIQUE

LE PIPEAU. Tyrion est passé maître dans cet art et sait mieux que quiconque vous conter fleurette pour mieux vous endormir !

28. Si Tyrion était

UN ART

LA LITTÉRATURE. Tyrion est un homme de lettres qui aime se nourrir des histoires et en raconter.

29. Si Tyrion était

UN ÉVÉNEMENT HISTORIQUE

LA RÉVOLUTION FRANÇAISE. Au contact de Tyrion, les nobles et les rois ont tendance à perdre la tête !

30. Si Tyrion était

UN PLAT

UN COCHON DE LAIT. Tout est dans le titre...

Tyrion Lannister fait confiance

« La confiance s'acquiert, elle ne se demande pas : qui la mérite n'a pas besoin de la demander. »
Émile de Girardin

Nous avons vu que Tyrion Lannister savait bien s'entourer, parce qu'il a su accorder sa confiance pour le meilleur… mais aussi pour le pire. Tyrion a fait confiance à des personnes qui lui ont fait du bien, comme à d'autres qui lui ont fait du mal. Dans son cercle proche gravitent des personnes qui lui ont appris à être meilleur, à envisager la vie sous une perspective différente. D'autres lui ont fait comprendre qu'on ne badine pas avec les sentiments des autres et que si faire confiance est une bonne chose, en abuser peut avoir des conséquences désastreuses. Et parce qu'un « Lannister paye toujours ses dettes », lorsque Tyrion vous accorde sa confiance, la récompense humaine est immense et crée un lien inaltérable.

Ce qui est intéressant dans le parcours humain de Tyrion Lannister, c'est qu'il n'est au final pas si éloigné du nôtre, et qu'à travers celui-ci, se pose *in fine* la question du degré de confiance que l'on peut accorder aux autres. La confiance est quelque chose de difficile à acquérir mais encore plus à préserver. **La confiance comme une fine lame peut se**

briser si on n'en prend pas suffisamment soin. Nous avons tous eu notre lot de déceptions amicales et/ou amoureuses et chaque fois s'est reposée la question : comment faire confiance à l'autre après ce qui m'est arrivé ? Se constitue alors un bouclier dont l'effet pervers est de nous isoler petit à petit du monde extérieur.

Or, vivre constamment sur la défensive, dans la crainte de l'autre, de ce qu'il pourra potentiellement nous infliger n'est pas la solution. Si Tyrion accorde facilement sa confiance, c'est parce que l'expérience lui a appris comment faire, son instinct lui a indiqué à qui se fier ou non. Bien qu'il ait connu son lot de déceptions, de trahisons, Tyrion a continué à accorder sa confiance, vouloir créer des liens inaltérables, car c'est aussi dans le lâcher prise et l'inattendu que les plus belles choses peuvent survenir.

COMME TYRION APPRENEZ
À ÉCOUTER CETTE
PETITE VOIX INTÉRIEURE.

Ouvrez-vous aux autres, (ré)apprenez à faire confiance pour atteindre une sérénité que vous n'auriez jamais acquise seul.

TYRION LANNISTER EST UNE FORCE TRANQUILLE

« La connaissance donne le pouvoir,
mais la force de caractère entraîne le respect. »
BRUCE LEE

« Force », « Tyrion Lannister »... j'en vois déjà qui sont en train de se gausser à la lecture de ce chapitre. Certes, Tyrion n'a pas la force de la Montagne ou l'énergie « brute de décoffrage » du Limier, mais il impressionne par son attitude, son caractère posé et une certaine force que nous qualifierons de tranquille. À l'heure où tout se mesure en termes de rapports de force, il est intéressant de voir comment Tyrion, lui, a su s'imposer avec peu. D'un calme légendaire, il ne parle jamais de travers et sa langue est aussi affûtée que son esprit est rapide.

Maintes fois, nous avons démontré que Tyrion s'est dépêtré des situations les plus délicates par sa ruse, son sens de l'observation, préférant la plume à l'épée, le verbe aux cris de guerre. Cette combinaison de confiance en soi et d'intellect aiguisé a fait de Tyrion une force tranquille, un homme qui réfléchit avant d'agir et ne se laisse que peu déborder par ses émotions. Qu'on le veuille ou non et malgré les railleries et les humiliations qui auraient pu le terrasser, Tyrion a toujours su se relever.

S'imposer passe d'abord par le fait d'être posé. Pas la peine d'agiter des bras, de brasser de l'air, il suffit *d'être*... et d'avoir suffisamment confiance en sa capacité à analyser froidement, méthodiquement les faits sans céder à la passion. Il faut pour cela donner le sentiment d'être là, VRAIMENT là, de s'imposer comme une force immuable qui n'a pas besoin de la violence verbale ou physique. Tyrion n'est pas une force de la nature mais il sait s'ancrer dans son environnement, progressivement, intensément. Être une force tranquille implique d'agir en équilibriste, de doser sans en faire trop et avant tout d'être soi-même.

COMME TYRION,
N'AYEZ PAS PEUR D'ÊTRE LÀ
et apprenez à vous imposer
de manière subtile.

Tyrion Lannister est silencieux et observateur

« La fréquentation des hommes induit à s'observer soi-même. »
Franz Kafka

Tyrion Lannister n'est pas un grand bavard. S'il lui arrive d'avoir la langue bien pendue quand il boit un coup de trop ou qu'il doit convaincre quelqu'un, ses paroles sont comme des armes qu'il affûte pour mieux les utiliser au moment opportun. Il a cette passion de la langue mais ne l'utilise jamais à mauvais escient, s'il parle c'est pour exprimer une pensée qui fera mouche. Et si Tyrion ne parle pas, ne croyez pas qu'il ne soit pas attentif, au contraire ; il est là, il observe, analyse, réfléchit pour apporter la réponse la plus appropriée qu'elle soit verbale ou non. Au contraire d'un Varys qui opère dans l'ombre, Tyrion a l'honnêteté d'agir au grand jour.

L'être humain par nature est un grand bavard : de sa naissance à son déclin, il ne sait de tout âge faire autre chose que du bruit, s'exprimer par des sons, des mots, des marmonnements. C'est d'autant plus vrai qu'aujourd'hui, le silence est devenu presque insupportable, synonyme, à tort, d'ennui. Il faut absolument meubler, et au diable si cela paraît abscons ou d'une banalité confondante. Parler, parler, toujours parler, mais pourquoi ? Se donner le sentiment totalement artificiel d'exister, d'être au centre du monde. Mais voilà, à force de parler pour ne rien dire on prend également le risque de parler trop vite et de voir notre langue fourcher. Il faudra alors bien du courage pour recoller les morceaux cassés.

Voilà quelque chose que vous n'auriez pas forcément voulu lire, mais maintenant que vous êtes là, tant pis : apprenez à vous taire. **Apprendre à se taire c'est se contrôler, sangler cette impulsivité qui, à Westeros, vous aurait valu une tête tranchée ou une langue coupée**. Certes, personne ne vous coupera la tête ou la langue, mais mesurer vos paroles lorsque cela s'impose pourrait vous éviter bien des déconvenues. Acceptez de ne pas être le centre de l'attention et observez ce qui se joue devant vous, vos paroles seront d'autant plus appréciées si elles sont pertinentes et justement dosées. Apprenez à écouter pour mieux vous faire entendre, soyez éloquent mais sans monopoliser la parole. Sachez que le silence est aussi source de préservation et qu'il vous permettra de prendre du recul. L'observation et l'écoute sont parfois le meilleur moyen d'expression.

Tyrion, lui, l'a parfaitement compris, et nombreuses sont les occasions où il a su tenir sa langue soit pour éviter un incident diplomatique soit par pur instinct de survie, notamment lorsqu'il a sciemment décidé de ne pas répondre aux provocations d'une Cersei plus que jamais remontée contre lui. Quant à son sens de l'observation, il lui aura permis de prodiguer de nombreux conseils comme lorsqu'il a suggéré à Jon Snow d'être plus diplomate avec ses camarades de la Garde de Nuit.

APPRENEZ À MESURER VOS PAROLES,
et à distiller intelligemment les informations.

UNE JOURNÉE DANS LA VIE DE

TYRION LANNISTER

SAISON 3

« IL FAUT VRAIMENT QUE J'ARRÊTE avec les réveils difficiles. D'ordinaire, de mes soirées agitées, je ramène comme souvenir quelques charmantes demoiselles et un mal de crâne épouvantable. Là, c'est carrément mon nez qui a fait les frais de mes exactions nocturnes. Hier, j'occupais mes soirées à boire et à jouer, aujourd'hui je les passe à sauver un royaume, et quelques milliers de vies. Les temps changent ! Et en parlant de changements, devinez qui est passé du statut de Main du Roi à celui de Grand Argentier ? Mon père devrait savoir pourtant qu'entre mes mains, l'argent a davantage tendance à être dépensé qu'à être économisé ! Cela m'apprendra à réclamer justice auprès de mon père. Passe encore que mon rôle de sauveur ait été passé sous silence, mais de là à ce que Joffrey en récolte tous les lauriers ! Voilà en plus qu'on me charge d'organiser le mariage de ce jeune effronté avec la veuve de Renly Baratheon. Si d'habitude j'arrive à bien cerner les gens, je dois bien avouer que cette jeune femme m'intrigue... mon instinct serait-il en train de me faire défaut ?

ET COMME SI CELA NE SUFFISAIT PAS, voilà que mon cher père m'ordonne de me marier... pas avec Shae, ce serait trop beau. Non, la dernière perversion en date de mon géniteur consiste à me marier à Sansa Stark. Comme si la pauvre enfant n'avait pas subi suffisamment d'humiliations avec Joffrey, voilà qu'elle doit épouser le Lutin devant tout le royaume qui, j'en suis certain, se frotte déjà les mains à l'idée de voir une union aussi grotesque. Cersei, elle, ne cache pas sa joie et savoure toute l'ironie de la situation. J'ai beau toujours apprécier une bonne vieille blague, j'admets que celle-ci ne me fait pas rire. Mais s'il y a bien quelque chose que j'ai appris au cours de ces dernières années, c'est qu'il faut faire preuve de résilience et de patience.

CETTE UNION A TOUT DE MÊME UN GOÛT AMER. J'ai beau être un bon vivant, un amateur de bonne chère, qui ne se pose jamais trop de questions et préfère le plaisir immédiat aux turpitudes, je ne peux me résigner à déflorer Sansa. Cela vient peut-être du dégoût dans ses yeux quand elle me regarde (après ce que Joffrey lui a fait subir, on ne peut lui reprocher de n'avoir que dégoût et mépris pour les Lannister), ou peut-être du fait que, oui, je suis amoureux d'une autre femme. Qui l'eût cru ? Moi, Tyrion Lannister, satyre parmi les satyres, qui m'étais promis de ne jamais m'attacher, voilà que je suis tombé amoureux. Et pourquoi pas, après tout ? Il n'y a que les imbéciles qui ne changent pas d'avis... j'espère simplement ne pas le regretter ! »

« JE SUIS NÉ. J'AI VÉCU.
JE SUIS COUPABLE D'ÊTRE NAIN,
JE LE CONFESSE. ET, MALGRÉ LES INNOMBRABLES FOIS OÙ MON PÈRE A EU LA BONTÉ DE ME PARDONNER,
J'AI NÉANMOINS PERSISTÉ DANS MON IGNOMINIE. »

SAISON 4

TYRION LANNISTER EST DRÔLE

« L'humour est la forme la plus saine de la lucidité. »
JACQUES BREL

Que le ton soit sarcastique, railleur ou fantaisiste, l'humour peut prendre de nombreuses formes pour mieux souligner le comique ou l'absurdité d'une situation. Rire permet en effet de dédramatiser, de se sentir joyeux ou détendre l'atmosphère, et on apprécie toujours lorsqu'un convive raconte une histoire drôle ou une anecdote amusante. Tyrion en est friand, il a même fait de l'humour sa meilleure arme face à la bêtise et à la haine qui l'entouraient. Aux assauts pleins de venin de sa sœur, de son neveu ou de son propre père, Tyrion a pour habitude de répondre par une réplique piquante qui, derrière le vernis de l'humour, cache une attaque cinglante plus puissante que mille épées. Sans être toutefois une arme ou un rempart, le sens de l'humour de Tyrion lui aura attiré bien des sympathies, marquant son refus de se laisser submerger par l'adversité, mais plutôt de prendre la vie du bon côté et trahissant par là même une empathie, une gentillesse que d'autres auraient voulu lui retirer. Homme d'esprit, il s'est également servi de l'humour pour souligner l'absurdité d'une situation.

Chez Tyrion, l'humour est donc à double tranchant et peut tout aussi bien servir à cacher sa détresse par le biais de l'ironie qu'à souligner sa joie de vivre par le prisme du bon mot. **Il ne faut jamais sous-estimer la force d'un bon mot surtout s'il est placé au moment opportun**.

Il pourra vous aider à vous extirper de biens des situations gênantes et à dévoiler une facette de votre personnalité que les autres ne soupçonnaient pas. Attention tout de même car comme disait Pierre Desproges : « On peut rire de tout mais pas avec n'importe qui » ; soyez donc attentif au public auquel vous vous adressez, prenez la température, voyez ce qui « passe ou pas », et n'essayez pas d'être drôle : l'humour doit paraître spontané et non forcé.

Même si être drôle n'est pas donné à tout le monde, avoir le sens de l'humour, c'est être décalé, voir la vie sous un prisme différent, aborder les choses d'une autre manière sans toutefois en amoindrir la gravité ou la portée de certains événements. Pour certains c'est un mécanisme de défense, pour d'autres une philosophie. De manière générale, l'humour est la meilleure arme face à la cruauté du monde. Ce qui fera la différence sera la manière dont vous en ferez usage. Rire avec les autres oui, rire à leur détriment… c'est une autre histoire.

Comme Tyrion, ne vous censurez en aucun cas si vous sentez que votre humour peut faire mouche, que vous soyez entourés d'amis… ou d'ennemis. Lui qui est parfaitement conscient des faiblesses dues à sa condition de nain a toujours distingué la moquerie de l'humour.

C'EST VOTRE VIGUEUR D'ESPRIT QUI FERA TOUTE LA DIFFÉRENCE.

Tyrion Lannister est charmeur

« *C'est l'élégance simple qui nous charme.* »
Ovide

Il n'a pas l'air comme ça, mais Tyrion est un vrai charmeur capable d'attirer les plus belles femmes dans son lit et d'embobiner les hommes les plus hostiles. Parce qu'il a très vite compris qu'il ne pourrait pas compter sur son physique, Tyrion a décidé de miser sur son charme à grand renfort de répliques piquantes, de phrases distinguées et d'une prestance que nombre de gentilshommes lui envieraient. Une élégance qu'il a acquise au contact de Shae, qui lui a appris à être un homme meilleur, à sortir de son image de satire pour laisser parler le gentleman qui est en lui. Gentilhomme, il l'a également été avec Sansa, refusant de la déflorer après leur mariage. L'intellect comme arme de séduction massive, il fallait y penser !

Au détour d'un chapitre ou d'un épisode, vous vous êtes forcément demandé comment celui que l'on surnomme – entre autres – le Lutin a pu s'attirer tant de faveurs, aussi bien du côté des hommes que des femmes. Le fait que Tyrion sache manier la langue comme personne, y est pour beaucoup.

Dans le cas présent, nous nous focaliserons davantage sur l'aspect verbal de la chose. Tyrion est un beau parleur, mais plus que ça, c'est un beau parleur qui, par mille et un tours de passe-passe, fera passer cela pour une vaine tentative de séduction. Que vous le vouliez ou non : **dès que Tyrion vous a dans son collimateur, c'est terminé, vous ne pouvez que céder**. D'une manière ou d'une autre il réussira à vous attraper dans ses filets grâce à l'illusion de la confiance et la précision des mots, des gestes. Tyrion n'est pas un prédateur mais un observateur, et cela fait toute la différence.

Nous avons trop tendance à croire que nous manquons de charme, que cela est forcément dû à un physique peu avantageux ou à un caractère trop effacé. C'est aussi faux dans le premier cas que vrai dans le second. Le charme ne provient pas tant du physique que de notre propre capacité à croire en notre pouvoir de séduction. Le charme est comme une aura, il émane de vous tel un doux parfum visant à attirer l'attention de l'autre. Une personne, aussi belle soit-elle, peut se révéler totalement inintéressante, si elle n'a pas ce « je-ne-sais-quoi » qui fait toute la différence, et se fondera aisément dans la masse sans qu'on se souvienne d'elle. Qu'est-ce qui vous différencie ? Le fait que contrairement à certains, vous n'êtes pas une coquille vide, vous ne vous contentez pas d'exister au sein d'un écosystème, vous *êtes*.

Et c'est précisément cet être-là que vous devez apprendre à apprivoiser, car il est beaucoup plus intéressant que vous ne le croyez. Le *vous* charmeur et un peu filou est là, enfoui, et ne demande qu'à sortir. Mais, paradoxalement, c'est vous qui le laissez enfermé. Pourquoi ? Parce que vous n'avez pas conscience de son existence. Le charme est une association de beaucoup de composantes mais elle sous-entend surtout et avant tout une réelle confiance en soi. C'est à la fois le regard que vous portez sur vous-même et sur les autres qui renforcera votre capital séduction.

SACHEZ VOUS RENDRE INTÉRESSANT,
vous démarquer, sans en faire des caisses,
apprenez à laisser les choses se faire naturellement
sans jamais oublier de vous intéresser aux autres.

TYRION LANNISTER SAIT RIRE DE LUI

« ***On ne peut pas vivre sans humour ;***
si l'on est incapable de rire de soi,
on risque de souffrir. »
KIRK DOUGLAS

Rire c'est bien, rire de soi c'est mieux ! Et pourtant, ce n'est pas donné à tout le monde. De plus en plus, nous nous enfermons dans une sorte de fierté qui peut crisper un entourage se sentant constamment obligé de marcher sur des œufs pour ne pas nous froisser. Ce qui a pour conséquence d'annihiler une forme de spontanéité pourtant nécessaire dans toute relation. Quel que soit le cas de figure, faire preuve d'autodérision apparaît comme une réponse saine face à des attaques supposées. Et s'il y en a un qui est passé maître dans ce domaine, c'est bien Tyrion Lannister !

Peu gâté par la nature, contrairement à ses frères et sœurs, **Tyrion a rapidement compris que savoir rire de lui-même était le meilleur moyen de défense face aux moqueurs de toutes sortes.** Car en faisant cela, non seulement il désarçonne ses adversaires mais il réussit l'exploit de les battre sur leur propre terrain. Quel meilleur moyen d'humilier son ennemi que de montrer qu'on est plus fort que lui à un jeu qu'il croyait dominer ? Tyrion est devenu maître en la matière si bien que seuls les imbéciles ou les ignorants s'aventurent à se moquer de Tyrion. En cela, il a montré qu'il avait non seulement le sens de l'humour mais qu'il savait également se prémunir contre les attaques en les laissant « glisser sur lui » pour mieux retourner la situation à son avantage.

Mais l'autodérision n'est pas seulement une habile technique de défense, elle peut aussi servir dans des contextes plus « amicaux ». Pour peu qu'il soit bien tourné et ne confère pas à l'autoflagellation, on ne vous reprochera jamais de faire preuve d'autodérision. Au contraire, cela permettra de mieux briser la glace avec vos interlocuteurs, montrer que vous n'êtes pas de nature susceptible et qu'il est possible de plaisanter librement avec vous. Mieux encore, savoir rire de soi peut être d'autant plus apprécié que votre entourage y verra une forme d'humilité et de modestie, là où les personnes qui ne savent pas rire d'elles-mêmes peuvent paraître imbues de leur personne. Savoir rire de soi, c'est aussi et surtout la meilleure façon de rire avec les autres et d'instaurer une forme de convivialité. Si Tyrion est capable de rire de lui, alors nous sommes tous capables de le faire. Rire de soi montre une propension à ne jamais verser dans l'apitoiement et paradoxalement une porte d'entrée vers les autres, une invitation à la bienveillance par le biais de l'humour. Le rire est le meilleur remède à la mélancolie.

TRANSFORMEZ EN FORCE
CE QUE D'AUTRES VOIENT COMME
UNE FAIBLESSE.

PORTRAIT CHINOIS DE TYRION LANNISTER

31. Si Tyrion était

UN DESSERT

UNE COUPE COLONEL. Un nom qui en impose, un mélange de fraîcheur et d'acidité... pas de doute, ce dessert, c'est Tyrion tout craché !

32. Si Tyrion était

UN FRUIT

LA POMME. Comme Guillaume Tell, Tyrion sait faire un usage très personnel de l'arbalète !

33. Si Tyrion était

UNE BOISSON

LE RED BULL. Au contact de Tyrion, impossible de ne pas avoir de l'énergie à revendre !

34. Si Tyrion était

UNE ODEUR

LA CANNELLE. Doux et entêtant, tout le monde ne l'aime pas, il faut savoir l'apprécier. Tyrion et son franc-parler correspondent parfaitement à cette comparaison.

35. Si Tyrion était
UN SPORT

LE TENNIS. Tyrion aime qu'on lui renvoie la balle mais contrairement à certains tennismen mal lunés il sait garder son sang-froid !

36. Si Tyrion était
UNE FÊTE

MARDI GRAS. Malin et facétieux, Tyrion sait revêtir plusieurs masques en fonction des circonstances et peut changer de costume plus vite qu'il n'en faut pour dire « *Winter is coming* ».

37. Si Tyrion était
DE LA PAPETERIE
ou un accessoire de papeterie

UN COUPE-PAPIER. À la fois tranchant et d'une grande élégance, Tyrion, à l'image du coupe-papier, peut révéler les plus belles comme les plus terribles lettres.

38. Si Tyrion était
UN CHIFFRE OU UN NOMBRE

LE NUMÉRO 13. Tyrion a beau être d'agréable compagnie, les plus superstitieux diraient qu'il porte malheur. Ce que peu de gens savent c'est que ce chiffre symbolise également la purification. Ce qui symbolise plutôt bien le parcours de Tyrion !

39. Si Tyrion était

UN BRUIT

AUCUN. Tyrion sait être aussi discret qu'une souris !

40. Si Tyrion était

UNE DEVISE

« UN LANNISTER PAIE TOUJOURS SES DETTES ». Tout au long de sa vie, Tyrion a fait sienne le mantra de sa famille quitte à en faire un usage parfois... personnel. Vivement la fête des pères !

Tyrion Lannister est pragmatique

« ***La réalisation réside dans la pratique.*** »
Bouddha

Contrairement à ce que l'on pourrait penser, être pragmatique ne veut pas dire être ennuyeux. C'est voir les choses de manière concrète afin d'y apporter une solution adaptée. Certes, énoncé comme ça, cela paraît tout sauf *funky*, mais à y regarder de plus près, le pragmatique est plus ouvert qu'il n'y paraît. Car pragmatique signifie aussi être dans l'action, c'est donc apporter une solution concrète là où d'autres se perdent en conjectures et discussions futiles. Et la futilité, si elle ne concerne pas le vin et les femmes, Tyrion n'en a que faire ! Aux bruits de couloirs et autres conspirations ourdies entre deux alcôves, Tyrion préfère le concret : agir plutôt que dire et ramener chacun à ses responsabilités. Tyrion est un homme de réflexion mais aussi d'action, il n'aime pas l'abstrait et préfère les actes qui font sens, ont un impact. C'est aussi ça qu'on aime chez lui : sa capacité à concrétiser ce qu'il projette mentalement.

Ce qui est vrai pour Tyrion, l'est également pour vous. Quel que soit le contexte n'hésitez jamais à faire preuve de pragmatisme quand la situation l'impose. Et c'est en particulier vrai dans le cadre professionnel où il nous est régulièrement demandé d'apporter une solution rapide à un problème donné. Analyser les choses, faire preuve de recul est d'autant plus indispensable qu'aujourd'hui, de moins en moins de gens prennent le temps de la réflexion. Être pragmatique signifie privilégier la logique au fantasque, à l'abscons et donc faire preuve d'efficacité. Cela ne vous sera JAMAIS reproché, bien au contraire. Le pragmatique, contrairement au spéculatif, tentera toujours de faire avancer les choses.

Il en va de même pour votre vie personnelle où votre pragmatisme sera mis à rude épreuve. Que ce soit en amitié ou en amour, il est aisé de se laisser déborder, de parler trop vite et d'allumer ainsi des mèches qu'on voudrait aussitôt éteintes. Être pragmatique dans un contexte privé est d'autant plus difficile que cela demande d'opposer la raison à la passion. Mais une fois encore vous verrez que si vous parvenez à prendre le problème sous un angle plus pratico-pratique dans ce genre de situations, c'est-à-dire en prenant en considération aussi bien vos problématiques que ceux de votre interlocuteur vous parviendrez à un terrain d'entente.

Fiez-vous à votre expérience pour apporter des réponses concrètes aux problèmes du quotidien, une réponse sera toujours davantage appréciée que pas de réponse du tout, cela dénotera également chez vous une propension à l'action plutôt qu'à la passivité et assurera le fait qu'on peut se fier à vous, se reposer sur vos épaules pour mieux aller de l'avant.

Dans votre vie professionnelle
comme dans votre vie personnelle,
PRIVILÉGIEZ TOUJOURS
LE CONCRET.

TYRION LANNISTER EST FIN PSYCHOLOGUE

« Les gens heureux sont de mauvais psychologues. »
STEFAN ZWEIG

Nous nous connaissons mal, alors pourquoi s'attendre à ce que l'on connaisse les autres ? Cette question en forme d'énoncé du bac de philo, Tyrion y a répondu depuis bien longtemps. C'est parce qu'il sait qui il est, qu'il a eu tout le loisir d'observer, d'étudier les autres et d'agir en conséquence. De manière générale, les gens n'aiment pas être psychanalysés à tort et à travers. Il faut, avant cela, arriver à un degré de proximité qui vous permettra de le faire et d'apporter à l'autre la réponse dont il a besoin. Pour Tyrion, cette capacité à bien cerner l'autre lui aura surtout servi à des fins stratégiques.

Mais avant d'en arriver là, de connaître l'autre pour mieux lui être utile, il faut apprendre à connaître son environnement, écouter plutôt qu'entendre, observer plutôt que regarder. Être conscient de son environnement, de son entourage, c'est aussi lui permettre d'être conscient de vous. Nous avons énoncé plus haut la capacité de Tyrion d'observer. C'est ce qui lui a permis d'apporter les réponses adéquates dans nombre de situations délicates. Il a su rassurer Sansa lorsqu'ils ont été mariés de force, il est même parvenu en de très rares occasions à tempérer le caractère ô combien fougueux de sa sœur Cersei en faisant appel à la mère qui sommeille en elle.

En comprenant le fonctionnement des gens qui l'entourent, Tyrion a su comment faire face, que ce soit par des actes ou des mots parfaitement maîtrisés. S'il était parfois question de calcul, il a aussi été question d'empathie. Car Tyrion sait aussi écouter quand on lui demande et les gens se confient facilement à lui, parfois pour le pire mais surtout pour le meilleur. C'est cette bienveillance qui lui permettra notamment de nouer des relations privilégiées avec Jon Snow à qui il prodiguera de précieux conseils lorsqu'il lui rendra visite à la Garde de Nuit. Il n'y a jamais de calcul malveillant dans l'usage que Tyrion va faire de ce qu'il a appris sur les autres. Sauf en cas d'attaque, Tyrion par le prisme de la psychologie en appelle à la raison, à la compassion, à l'espoir de ses interlocuteurs.

Lorsqu'un proche vous demande un conseil, basez-vous sur ce que vous savez de lui, même si la réponse que vous lui apporterez risque de ne pas lui plaire, elle lui sera forcément utile. Si vous l'avez bien cerné, vos conseils mettront en lumière un aspect de sa personnalité dont il n'a pas conscience ou qu'il a occulté. Mais cela doit se baser sur une connaissance réelle et non sur une interprétation, et c'est là que votre capacité d'attention entre en jeu, car un conseil mal avisé, basé sur une connaissance superficielle de l'autre peut vous être tout aussi néfaste qu'à lui. Les gens ne demandent pas à être analysés mais compris ; une fois que vous aurez compris la distinction entre les deux, vos avis n'en seront que plus pertinents.

Il fut un temps où, indécis et dépourvu de confiance en moi, je cherchais souvent de l'aide autour de moi. Bien souvent, je ne cherchais pas tant un conseil que la confirmation d'une décision que j'avais déjà prise. Je m'empêtrais dans mes propres problèmes, me noyant régulièrement dans un verre d'eau, sans en avoir du tout conscience. Il aura fallu qu'un ami, fin psychologue mais surtout observateur, me le dise pour que je m'en rende compte. Pour établir son « diagnostic », il ne se basait pas tant sur ce qu'il observait chez moi mais davantage sur ce qu'il avait appris sur moi au long des années par mon phrasé, ma gestuelle... Quelques années plus tard, je décidai de rendre la pareille à cet ami alors en difficulté, en pointant certaines choses quitte à lui déplaire. J'ai alors compris **qu'être fin psychologue ne consiste pas à donner aux autres la réponse qu'ils attendent mais celle dont ils ont besoin, aussi déplaisante soit-elle**.

Ne faites pas de « diagnostic à la hâte »,
PRENEZ LE TEMPS
DE CONNAÎTRE L'AUTRE.

Tyrion Lannister est résilient

« Apprends à écrire tes blessures dans le sable
et à graver tes joies dans la pierre. »
Lao-Tseu

Nous vivons dans un monde impitoyable. La vie, en grande joueuse qu'elle est, a le chic pour nous réserver de mauvais tours, de ceux dont elle seule a le secret. Face aux multiples épreuves qu'elle nous inflige, nous réagissons tous de manière différente, et bien malhonnête celui qui osera dire qu'il n'a jamais été écorché à un moment donné de son existence. Mais lorsque nous recevons un coup, un choc si fort qu'il est capable de nous mettre à terre, quelle(s) réaction(s) avoir ? La réponse est aussi multiple que les moments difficiles que nous traversons. Mais si notre vie est traversée d'obstacles qui nous paraissent insupportables, d'autres en connaissent de biens plus ardus et font souvent office de véritables exemples à suivre.

Lorsque nous traversons des moments difficiles, il est bon parfois de se plonger dans la fiction non pas comme refuge mais comme guide, car la réalité se nourrit de la fiction et inversement. Chaque personnage, chaque situation dans les livres, les films, la musique, puisent leurs inspirations dans le réel. L'art est après tout une forme de catharsis, pourquoi ne pourrait-il pas nous aider ? Aux questions que vous vous posez, aux embûches que vous rencontrez, correspondent de manière directe ou indirecte des résonances dans l'imaginaire. La fiction a cela de magique qu'elle nous permet, par le truchement de la métaphore, d'aborder et résoudre bien des problèmes.

Sans aller dans des extrêmes à vous demander ce que la Montagne ou Cersei feraient devant telle ou telle situation (la réponse est simple : un déchaînement de violence et des victimes par centaines !), penchez-vous plutôt sur les enseignements que vous pourriez tirer du chemin de croix de Tyrion. Quel que soit ce que vous avez vécu, croyez bien qu'il est passé par la même chose… en pire ! Trahi, humilié, condamné à mort par un père qui n'a eu de cesse de désirer sa mort, trompé par une femme qui feignait de l'aimer, méprisé par sa sœur… Tyrion en a vu de toutes les couleurs. Face aux épreuves imposées par un monde qui ne le tolère pas, Tyrion s'est effondré à quelques reprises, mais pour mieux se relever, plus fort que jamais. Malgré son modeste gabarit, il a accusé une résistance aux chocs incroyable qui lui a valu l'admiration de certains et la crainte d'autres, mais toujours avec une certaine forme de respect face à sa résilience. Contrairement aux idées reçues, tout le monde peut faire preuve de résilience, tout le monde en a la force, le plus dur n'est pas de trouver cette force mais d'avoir la volonté de la chercher.

Lorsque l'univers vous adresse un uppercut, vous avez le droit de tomber, mais vous avez également le devoir envers vous-même, envers les autres, de vous relever. Cela n'atténuera pas votre peine, ne vous la fera pas oublier, mais vous rendra plus résistant, plus apte à encaisser le choc suivant. C'est ce qu'a fait Tyrion tout au long de son existence : il a absorbé les chocs avec plus ou moins de résistance, est tombé – parfois lamentablement – mais s'est toujours relevé avec cette conviction intime, inaltérable, que quelles que soient les épreuves affrontées, il faut savoir endurer !

LA VRAIE FORCE
NE RÉSIDE PAS DANS
VOS PERFORMANCES PHYSIQUES
mais dans votre capacité mentale
et émotionnelle à encaisser les chocs
pour mieux vous relever.

UNE JOURNÉE DANS LA VIE
DE

TYRION LANNISTER

SAISON 4

« **CE MATIN JE ME SUIS RÉVEILLÉ** non pas dans le confort de mon lit douillet mais dans la puanteur d'une cellule qui aura vu son lot de condamnés à mort. De toutes les fourberies dont il s'est rendu coupable, mourir d'empoisonnement et me faire accuser aura été le pire et ultime méfait de ce cher Joffrey. Bien que je sois innocent, je regrette amèrement de ne pas avoir porté le coup fatal à mon psychopathe de neveu. L'amertume, tiens, c'est un sentiment nouveau... enfin, pas tant que ça. Avant, je le dissimulais derrière le masque de l'ironie mais aujourd'hui je ne veux plus faire semblant et je préfère exposer au grand jour mon mépris pour le monde et les hommes. Il faut dire qu'en l'espace de quelques jours, j'aurais vu mon fervent défenseur Oberyn se faire massacrer, mon père organiser mon procès (à charge, évidemment) quitte à soudoyer celle que je croyais être la femme de ma vie et qui n'a pas hésité à me trahir lors d'un témoignage aussi accablant que mensonger. Plus que jamais, ma condition de nain me renvoie à ma propre solitude, et si par miracle les Dieux en venaient à être cléments avec moi, rien ne sera plus jamais comme avant. L'homme que j'étais jadis a disparu, mort sous les coups des accusations outrancières dont il a été la victime, broyé par les trahisons et malversations.

LE SEUL RÉCONFORT que j'ai eu était dans le regard empli de tristesse de mon frère Jaime. Quoi qu'on en dise et bien qu'il fasse la fierté des Lannister, au fond de lui c'est un homme bon. Je ne peux pas lui en vouloir, il a fait ce qu'il a pu, son plus grand crime reste et restera d'être éperdument amoureux de notre sœur. La passion obscurcit le jugement, je sais de quoi je parle. Je sais que Jaime a tenté de raisonner Cersei mais la furie est en marche et rien ne pourra l'arrêter. L'amour que Jaime porte à Cersei causera indubitablement sa perte. Une preuve supplémentaire du caractère hautement futile et dangereux de l'amour.

MOI ? MON CŒUR EST EN MILLE MORCEAUX. Le message est clair : un nain n'a pas le droit d'aimer ou d'être aimé. Que la Mort vienne, je l'attends. Pour ce qu'il reste à prendre, elle risque d'être déçue ! Mais qu'entends-je ? Le verrou de ma cellule entame un son fatal, dangereux. Serait-ce déjà l'heure de ma mise à mort ? Non, c'est Jaime ! Contre toute attente, le fils prodigue est venu me libérer, prenant le risque de s'aliéner à jamais sa bien-aimée et notre cher père. Tiens, en parlant de père, je vois une arbalète traîner, l'outil indispensable pour une petite réunion de famille. Ne bougez pas, je n'en ai que pour quelques minutes... »

« **JE N'AI D'AUTRE ARME QUE MON ESPRIT.**

MON FRÈRE A SON ÉPÉE, LE ROI ROBERT SA MASSE D'ARMES, MOI MON ESPRIT...

ET L'ESPRIT A AUTANT BESOIN DE LIVRES QU'UNE ÉPÉE DE PIERRE À AIGUISER POUR CONSERVER SON TRANCHANT. »

Saison 5

TYRION LANNISTER EST HUMBLE ET INDULGENT

« ***L'humilité est le contrepoison de l'orgueil.*** »
VOLTAIRE

Lorsque je m'implique dans un projet, j'ai souvent tendance à placer la barre un peu trop haut. Quoique j'écrive, ce n'est jamais suffisamment bon, pointu, pertinent... au point de ne plus m'en rendre compte lorsque je donne le meilleur de moi-même. Il n'y a pas de place à l'indulgence, mais à l'autoflagellation gratuite. J'ai tendance à oublier que l'important réside dans le fait que j'ai toujours été honnête et donné le maximum de moi-même dans tout ce que je rendais. En préparant cet ouvrage, je me suis replongé dans les écrits de G.R.R. Martin et la série HBO. Alors que l'hiver était passé, je pouvais davantage étudier mon ami Tyrion sans être emporté par les tumultes d'une intrigue que je connaissais déjà.

Et c'est à ce moment-là que la réponse à mon bouillonnement intérieur s'est fait aussi cristalline que l'œil d'un Marcheur Blanc. Le blason des Lannister est un lion d'or rugissant sur un champ écarlate. Depuis toujours les Lannister sont vus comme des prédateurs visant l'excellence partout pour asseoir leur supériorité, l'erreur étant un gros mot chez eux, jamais tolérée ni excusée. Et pourtant, Tyrion fait office d'anomalie dans ce tableau trop parfait. Bien que portant le nom de Lannister et jouissant de tous les avantages dus à ce rang, il a toujours détonné avec l'exigence d'excellence imposée par son père Tywin. S'il porte les couleurs du lion, il ne s'est jamais considéré comme le roi de la jungle, n'a jamais tenté de s'imposer au détriment des autres. Alors que Jaime et Cersei s'acharnaient à faire la fierté de leur père et de leur rang, Tyrion, lui, s'est contenté d'être très bon dans ce qu'il entreprenait, de développer des talents autres que ceux qu'on attendait de lui. Toujours avec humilité et indulgence, il est parvenu à faire ce qu'il pouvait avec ce qu'il avait et à progresser continuellement jusqu'à accéder à une forme d'accomplissement en devenant la Main de Daenerys. Car si Tyrion ne sera jamais un Lannister digne de ce nom, il est devenu un être humain tout à fait recommandable et c'est déjà beaucoup.

Comme Tyrion, apprenez à vous accepter tel que vous êtes, avec vos forces et vos faiblesses. Essayez de viser la lune, bien entendu, mais seulement si vous en avez envie. Ne soyez pas trop dur avec vous, car même si vous ne parvenez pas à la décrocher vous aurez attrapé quelques étoiles en chemin !

SOYEZ AMBITIEUX
AVEC VOUS-MÊME,
non pour les autres.

Tyrion Lannister sait faire preuve de sang-froid

« L'éducation est la capacité de tout écouter sans perdre son sang-froid ni confiance en soi. »
ROBERT FROST

Vous rappelez-vous lorsque Tyrion assiste impuissant au massacre d'Oberyn par la Montagne ? Quelques heures auparavant, Oberyn avait promis à Tyrion qu'il le sauverait en remportant le duel supposé lui rendre sa liberté. Lorsqu'il voit les yeux d'Oberyn éclater et avec eux tout espoir de retrouver la liberté, Tyrion ne hurle pas, ne tente pas de s'enfuir. Non, il reste là, abasourdi devant le désastre dont il est témoin.

Bien qu'il s'agisse là d'un cas extrême, nous sommes nous aussi bien souvent confrontés à des périodes de stress intense, promptes à faire exploser notre tensiomètre. Mais, dans ces cas-là, comment réagir ? Y voyant une opportunité de se mettre à l'épreuve, certains s'épanouissent sous la pression et se lancent dans une course effrénée qui aura – ou non – raison de leur santé, si ce n'est maintenant, forcément dans un avenir plus ou moins proche. D'autres, bien au contraire, se délitent totalement, s'effondrent devant ce grain de sable qui vient enrayer la mécanique parfaitement huilée de leur existence, et se laissent totalement submerger.

Dans un cas comme dans l'autre, l'attitude adoptée n'est pas la bonne, la première vous consumera petit à petit, tandis que la seconde pourrait bien avoir raison de votre santé physique et/ou mentale. Faire preuve de sang-froid ne signifie pas être imperméable à ce qui nous arrive, mais aborder les situations différemment.

Rien n'est insurmontable, et aussi vrai que pour chaque problème il existe une solution, celui-ci doit être considéré avec le plus grand pragmatisme. Comme Tyrion, apprenez à l'analyser avec sang-froid, ne vous laissez pas handicaper ou griser. De même, lorsque vous faites face à un conflit, **ne cédez jamais à la colère, ne soyez pas impulsif, optez pour une approche plus stratégique**. C'est en faisant preuve de sang-froid, en privilégiant l'analyse froide à la réaction ardente que Tyrion a su s'extirper des situations les plus délicates.

LE CALME, LE SANG-FROID
vous aideront à mieux appréhender
les situations en toutes circonstances.

Tyrion Lannister sait ce qu'il veut

« Il faut d'abord savoir ce que l'on veut,
il faut ensuite avoir le courage de le dire,
il faut ensuite l'énergie de le faire. »
Georges Clemenceau

Thé ou café ? Biscottes ou biscuits ? Chaussures de ville ou de sport ? Ce matin, rien qu'en vous levant, vous vous êtes déjà posé mille et une questions. Et ce n'est que le commencement d'une flopée de questions qui ne cesseront de vous assaillir toute la journée durant, de l'endroit où déjeuner aux courses à faire en passant par la série à regarder ce soir pour vous détendre. Et au milieu de ça, un temps fou passé à devoir faire des choix. Oui c'est embêtant de choisir, surtout quand on ne sait pas ce qu'on veut, qu'on hésite constamment, persuadé que le choix qu'on va faire sera forcément le mauvais. Ah, toutes ces questions qui nous torturent encore et encore ! Ne serait-il pas plus simple de savoir d'emblée ce que l'on veut ? Et si c'était possible ?

Tyrion, lui, ne se pose pas la question, il sait ce qu'il veut et comment l'obtenir. Le cadet des Lannister a bien des défauts, mais l'incertitude n'en fait pas partie. Lorsqu'il souhaite que Shae l'accompagne à Port-Réal, il ne demande pas la permission de son père, il embarque sa bien-aimée avec lui. De même, il s'assure la loyauté de Bronn non pas en lui promettant monts et merveilles mais en lui donnant exactement ce qu'il souhaite. Bien qu'il n'agisse pas tête baissée, Tyrion n'est pas du genre à hésiter, il agit, il fait, sachant pertinemment que le choix qu'il aura fait sera le bon car ce sera le sien et il l'aura assumé. Tyrion sait ce qu'il veut : être libre, libre d'agir comme bon lui semble, libre de désobéir à son père, de se montrer indigne de son rang de Lannister tout en étant un être humain respectable. En véritable électron libre, Tyrion n'a cessé de faire, d'être ce qu'il désirait… même lorsque son père le rappelait à l'ordre. Si Tyrion doit subir les affres du devoir imposé par son patriarche, ce sera à sa manière. Pourquoi ? Car il sait qui il est ! Et si Tyrion sait ce qu'il veut, il sait aussi ce qu'il ne veut pas : ce sont bien les deux faces d'une même pièce.

De même, il ne tient qu'à vous de savoir ce que vous voulez, de ne plus perdre de temps en hésitations futiles. Au fond, vous savez ce que vous voulez, mais si vous tergiversez c'est que vous avez du mal à l'assumer. Mais quel mal y a-t-il à choisir ? À agir plutôt que subir ? Savoir ce que vous voulez ne signifie pas forcément que vous l'obtiendrez, mais cela vous donnera au moins une direction, un objectif. Avant de savoir ce que voulez, il vous faut savoir qui vous êtes, et là réside tout le challenge. **Soyez direct dans vos intentions**, n'essayez pas d'arrondir les angles, l'honnêteté sera toujours plus appréciée que l'hésitation car elle permettra à votre interlocuteur de mieux vous cerner.

En faisant la lumière sur ce
que vous voulez vraiment,
VOTRE DÉSIR PROFOND,
vous apprendrez à mieux vous connaître.

PORTRAIT CHINOIS DE TYRION LANNISTER

41. Si Tyrion était
UN HASHTAG

#BALANCETASŒUR. Tyrion ne rate jamais une occasion de baver sur sa sœur qu'il aime tant !

42. Si Tyrion était
UNE MAUVAISE HABITUDE

L'ALCOOL. Un verre le matin pour se réveiller, quatre autres le midi pour la digestion et six autres le soir pour bien dormir... le programme de Tyrion donnerait des vertiges à une équipe de foot russe !

43. Si Tyrion était
UNE QUALITÉ

LA BIENVEILLANCE. Malgré tous ses défauts, Tyrion reste quelqu'un de profondément bienveillant, l'une des seules personnes qui, dans le monde impitoyable de *Game of Thrones*, sait agir par pure bonté d'âme.

44. Si Tyrion était
UN GROS MOT

BORDEL DE MERDE. Tyrion se fâche rarement mais quand il le fait, soyez assuré qu'il ne le fait pas à moitié !

45. Si Tyrion était
UNE STATION DE MÉTRO

COMMERCE. Entre autres qualités, Tyrion est un très bon commerçant… sauf que la plupart du temps, il a davantage tendance à négocier sa survie que des biens !

46. Si Tyrion était
UN ARTISTE

TOULOUSE LAUTREC. Souffrant aussi de sa petite taille, Toulouse Lautrec ne s'est jamais laissé priver de tous les plaisirs de la vie. Bon vivant, provocateur impertinent et amateur de bonne chère, il se serait très bien entendu avec Tyrion.

47. Si Tyrion était
UN MONUMENT

LA TOUR DE PISE. Comme la Tour, Tyrion ne rentre pas vraiment dans le cadre, l'une est de traviole, l'autre est un nain. Et pourtant tous les deux exercent sur nous un incroyable pouvoir de fascination.

48. Si Tyrion était
UNE COULEUR

BLEU. Ni rouge de colère comme sa sœur ou noir de cœur comme son père, Tyrion tendrait plutôt vers le bleu, couleur de la sérénité, du rêve et de la sagesse.

49. Si Tyrion était
UN DÉFAUT

TYRION EST PARFAIT VOYONS ! Plus sérieusement, si Tyrion était un défaut, il serait la peur, celle de ne pas s'affranchir de sa famille.

50. Si Tyrion était
UNE RÉPLIQUE DE FILM

« IL ÉTAIT LE DERNIER D'UNE ESPÈCE : TROP BIZARRE POUR VIVRE MAIS TROP RARE POUR MOURIR... ». Cette réplique issue du film *Las Vegas Parano* résume parfaitement la vie de Tyrion, sorte d'anomalie nécessaire dans le monde impitoyable de *Game of Thrones*.

Tyrion Lannister est réaliste

« Le pessimiste se plaint du vent,
l'optimiste espère qu'il va changer,
le réaliste ajuste ses voiles. »
William Arthur Ward

Qu'il est ennuyeux d'être réaliste ! Ne pourrait-on passer notre vie à se rêver chevalier impétueux, agent secret au service de sa majesté ou chasseur de dragons ? Pourquoi être toujours ramené à ce quotidien ? À première vue, être réaliste n'est pas le conseil que l'on aimerait lire dans ce genre d'ouvrage. Il est d'une banalité tellement confondante qu'on se demande bien en quoi il peut aider à notre développement personnel. Et pourtant, être réaliste implique une qualité qui n'est pas donnée à tout le monde : la pleine conscience de soi et du monde qui nous entoure.

Tout au long de ce livre, nous avons parlé de l'importance de se connaître et d'avoir confiance en soi. Être réaliste ne sous-entend pas avoir une vision étriquée de soi ou voir les choses en noir, il s'agit de comprendre ses limites pour accéder à un niveau supérieur. Ne fermez pas le livre, il ne s'agit en aucun cas ici de verser dans la méditation transcendantale ou de verser son argent à une église *new age* ! Non, ici on garde les pieds sur terre… avec quelques escales à Westeros !

Dès son plus jeune âge, on lui a assené ce qu'il était en droit de faire ou de ne pas faire, mais au lieu de se laisser imposer ces limites, il a préféré fixer lui-même les siennes. C'est en ayant conscience de celles-ci qu'il a pu petit à petit s'affranchir de certaines, tout en transcendant d'autres. Comprendre par là que si Tyrion sait ce dont il n'est pas capable, il sait encore mieux ce qu'il PEUT faire. Avoir conscience de ses limites ne signifie pas se mettre des barrières, mais permettre de se fixer des objectifs en adéquation avec ses propres atouts ou handicaps. Tyrion ne se focalise pas sur l'impossible mais le possible, il sait qu'il ne sera jamais un preux chevalier et qu'il peut prouver sa valeur autrement. Si certaines portes lui sont fermées, il en empruntera d'autres, plus dérobées, etc.

Être réaliste, oui, mais pas à n'importe quel prix. **Avoir conscience de ses limites signifie aussi se permettre non pas de les effacer mais de les déplacer petit à petit**. Ne vous entravez pas de vos désirs, vos aspirations : apprenez seulement à les maîtriser pour vous mettre à leur niveau. Il ne tient qu'à vous de placer le curseur de vos moyens.

SOYEZ RÉALISTE MAIS N'OUBLIEZ JAMAIS DE RÊVER.

Si vous n'avez concrètement pas la force de déplacer des montagnes, métaphoriquement vous pouvez les faire s'envoler.

TYRION LANNISTER EST ORGANISÉ

« Le désordre est bien puissant quand il s'organise. »
ANDRÉ SUARÈS

Tous les matins c'est le même refrain : « Mais où ai-je bien pu mettre mes clés ? Et mon sac ? Et mon téléphone ? » Tous les matins, cette quête interminable nous fait perdre un temps fou et nous met déjà dans un état de nerfs dont on se serait bien passé… surtout quand on découvre que les objets en question étaient sous notre nez depuis le début. Perdre un temps précieux dans des recherches futiles, non mais franchement ! Déjà, nous sommes dans l'invective vis-à-vis de nous-mêmes, le petit-déjeuner est à peine terminé que les reproches fusent. Et une fois au travail, rebelote « Mais où ai-je mis mon stylo ? Mon carnet de notes ? », l'embarras se lit sur notre visage comme sur ceux de nos collègues. « Ah, si j'étais organisé… » remplace le fameux « Ah, si j'étais riche » dans la liste de nos vœux pieux.

Être organisé, ça ne s'improvise pas et requiert un esprit aguerri. « Chaque chose à sa place et une place pour chaque chose », cela peut paraître bête comme ça, mais nous avons souvent tendance à laisser les choses s'improviser. Or il n'y a rien de plus aléatoire que l'improvisation et de moins cadré que l'organisation. Mais peut-être est-ce justement la perspective de cadre qui nous pousse à ne pas nous organiser ? Sauf qu'entre improvisation et chaos, la frontière peut être minime et il ne faudra que peu de temps avant de se retrouver submergé, envahi par ce désordre qui finira par nous contrôler et avoir raison de nous.

En bon cartésien qu'il est (même si ses convictions seront mises à mal au cours des saisons), Tyrion sait que chaque chose doit avoir une place précise. Il n'y a qu'à regarder son bureau pour comprendre que le monsieur est du genre organisé, limite maniaque, et attention s'il ne trouve pas ses repères tout de suite. Fin stratège, il lui a fallu déployer des trésors d'organisation pour comprendre quels secrets lui permettraient de sauver le royaume de l'attaque de Stannis Baratheon. Car Tyrion est parti d'un constat simple : c'est lui qui contrôle son environnement et non l'inverse. Lorsqu'il prend possession d'un espace, c'est pour mieux se l'approprier, laisser transparaître sa personnalité à travers son organisation. Organiser un espace ne signifie pas seulement ranger, c'est le personnaliser. À chacun sa méthode ! Il existe autant de moyens de ranger que de personnes. Ce qui distinguera un espace d'un autre, c'est ce que vous en ferez.

Au lieu de laisser les choses au hasard, de les faire traîner comme si elles n'avaient pas d'importance, imposez votre style, définissez votre propre manière d'occuper l'espace. Si vous voulez ranger vos livres par thématiques et non par ordre alphabétique ou par auteur, faites-le ! Cette organisation loin d'être le fruit du hasard reflète votre manière de voir le monde. En d'autres termes : soyez « organisé dans votre bordel » et ne laissez jamais le chaos prendre le dessus sur vous. Une fois que vous aurez repris le contrôle, vous aurez l'impression de respirer davantage, de mieux appréhender votre univers. Une leçon qui s'applique aussi bien à votre intérieur qu'à votre vie quotidienne. Votre organisation n'est rien d'autre que le reflet de votre personnalité.

ORGANISEZ VOTRE TEMPS
ET VOTRE ESPACE
sans toutefois vous laisser enfermer.

Tyrion Lannister est généreux

« La vertu est le triomphe de la générosité sur l'intérêt. »
Duc de Lévis

Il existe plusieurs formes de générosité : celle du portefeuille, pratique pour les impôts, moins pour les économies et celle du cœur. Plus rare mais aussi plus recherchée par certains, elle ne se quantifie pas en argent mais en implication temporelle, affective… Ainsi, un ami peut se montrer généreux en payant ses tournées mais se révéler totalement indisponible en cas de réel besoin. A contrario, un autre pourra se révéler d'une écoute, d'une disponibilité et d'une gentillesse à toute épreuve sans toutefois jouer les Rockefeller. Tout dépend en réalité de la position où nous voulons mettre le curseur et de notre sens des priorités.

Moins ostentatoire ou intéressée que la générosité du portefeuille, celle du cœur est le plus souvent l'apanage des « belles personnes » chères à Marion Cotillard période *les Petits Mouchoirs*, elle est aussi un bon baromètre pour jauger de la fiabilité d'une personne. Et pourtant, la générosité du portefeuille n'a que peu de valeur sans celle du cœur. Exemple en est avec Joffrey qui, sous ses habits de luxe et une fausse apparence de chevalier servant qui séduit Sansa au début, cache un monstre cruel et égoïste. À l'opposé, Tyrion moins « propre sur lui » et d'apparence plus « vicieuse » se révélera avec la même Sansa d'une gentillesse proportionnelle au sadisme de Joffrey.

Tyrion peut s'enorgueillir d'être riche à la fois sur le plan financier et humain : sa fortune familiale et sa position sociale lui permettent d'être extrêmement généreux avec son entourage, de les couvrir d'or et de titres de noblesse comme s'il en pleuvait. Il en est d'autant plus obligé qu'un « Lannister paie toujours ses dettes », devise qu'il a allégrement détournée en lui donnant une dimension supplémentaire. Mais il est également généreux de sa personne. Tyrion est un ami fidèle qui sait rendre la pareille. Pas tant en or (même si Bronn en a largement profité) que par une loyauté à toute épreuve, de celles qui lui feraient braver mille périls, un sens de l'écoute, de la compréhension… comme avec Daenerys, à qui il restera fidèle presque jusqu'au bout. Même ruiné, déchu, au fond du trou, Tyrion trouve toujours un moyen pour donner à ceux qu'il aime ou aux personnes dans le besoin qu'il croise.

Ce sens du partage n'est pas propre aux personnages de fiction ou à ceux nés sous une bonne étoile. Il se vérifie chaque jour auprès de notre entourage, amis comme famille. Nous avons cependant trop tendance à confondre donner et offrir. Or, la différence est énorme. Offrir implique de manière sous-jacente que l'on attend quelque chose en retour : on offre un cadeau en espérant un autre cadeau en retour, ou de la gratitude, sous quelque forme que ce soit. De même qu'on offre son amitié afin qu'elle soit réciproque. Offrir, c'est attendre de manière consciente ou inconsciente quelque chose en retour, car cela implique que ce que l'on donne nous a coûté. À l'inverse, donner relève de l'inconditionnel : on donne sans attendre quoi que ce soit d'autre en retour. Donner, c'est faire preuve de générosité dans sa forme la plus pure, la plus désintéressée. La véritable générosité ne se quantifie pas en argent.

Comme Tyrion, sachez à qui et comment offrir. **Il est possible de donner beaucoup en possédant peu et inversement**. Si vous êtes disponible pour les autres, que vous leur consacrez un peu de temps, une oreille attentive, ou si vous pensez tout simplement à eux et décidez de concrétiser cette pensée d'une manière ou d'une autre, alors on peut dire que vous êtes une personne généreuse. Il suffit simplement d'en avoir la volonté et de s'en donner les moyens.

En amour comme en amitié, apprenez à
DONNER DE MANIÈRE
DÉSINTÉRESSÉE ET SPONTANÉE.

UNE JOURNÉE DANS LA VIE DE TYRION LANNISTER

SAISON 5

« TOUT AU LONG DE MON EXISTENCE, je me suis réveillé dans bien des lieux incongrus mais je dois avouer que c'est la première fois que je me réveille dans une caisse en bois avec deux petits trous pour respirer ! L'avantage, c'est que je peux voyager en toute discrétion. Ce n'est pas que je suis associable mais de manière générale, les évadés ayant tué leur père ne sont pas très populaires. Dans ces cas-là, mieux vaut se faire tout petit... sans mauvais jeu de mots !

ON POURRAIT CROIRE QUE JE SUIS TOMBÉ BIEN BAS... en fait, c'est pire. Jamais je n'avais autant senti le désespoir m'envelopper, l'envie de boire non pour m'amuser mais pour oublier, m'oublier. Le trou dans lequel je suis enfermé n'est pas suffisamment profond. Varys a beau me chanter les louanges de sa « Mère des Dragons », celle qui unira les Sept Royaumes et mettra fin à la tyrannie de mon clan, je n'y crois guère. Il faut dire que l'Histoire a une fâcheuse tendance à se répéter, à façonner des tyrans tous plus terribles ou incompétents les uns que les autres. En quoi serait-elle différente ? Et puis que me veut-elle ? Moi, le nain parricide, le monstre qui a fait le désespoir de sa famille, ce secret honteux qu'on ne peut cacher ? Je n'ai même pas été capable de susciter l'amour d'une catin, j'ai échoué en tant que Main du Roi. J'ai été un piètre frère, un fils indigne et un oncle arrogant. Comme faits d'armes, on a fait plus glorieux !

L'AVANTAGE DE CE LONG VOYAGE, c'est qu'il est propice à l'introspection : au gré des péripéties qui agrémentent mon périple, je me souviens, je réfléchis. Mes conversations avec Varys ou Jorah sont étonnamment instructives. En apprenant sur eux, j'en apprends également sur moi, qui l'eut cru ? C'est dans l'adversité que l'on arrive à savoir qui on est vraiment. Autant vous dire qu'au terme de ce véritable chemin de croix aussi mouvementé que rédempteur, j'en saurai davantage sur moi-même que jamais.

IL N'EN DEMEURE PAS MOINS qu'en dépit de toutes ces épreuves, la mélancolie continue à me gagner. Je suis plus sceptique que jamais, je ne sais pas trop où tout cela va me mener. Je me sens davantage dans la fuite que dans la (re)découverte. Pour mettre fin à mes questionnements, peut-être faudrait-il que je voie vraiment un dragon de mes propres yeux. Ça a l'air bête comme ça mais ce spectacle suffirait, je pense, à me convaincre qu'il est encore possible d'y croire, que les miracles existent et que l'infiniment petit peut cohabiter avec le démesurément grand. Mais qu'entends-je ? On dirait un battement d'ailes mais… plus puissant qu'à l'accoutumée, quelque chose se dessine dans l'air, fend les nuages. Serait-ce… ? »

« LAISSE LES SOTS
VOIR QUE
**LES MOTS
TE BLESSENT,**
ET LEURS QUOLIBETS
**NE TE
LÂCHERONT PAS.**
S'IL LEUR PLAÎT DE TE DONNER
UN SOBRIQUET, PRENDS-LE,
APPROPRIE-LE-TOI. DÈS LORS,
**ILS SERONT
DÉSARMÉS.** »

Saison 6

Tyrion Lannister se fiche du regard des autres

« Que l'importance soit dans ton regard,
non dans la chose regardée ! »
André Gide

Le « qu'en-dira-t-on » est une plaie ! Il nous aliène, nous enchaîne au regard des autres au point de ne plus nous laisser avancer, d'étouffer toute spontanéité pour finir par nous faire vivre par procuration. Combien de fois nous sommes-nous autocensurés par peur du jugement des autres ? De quand date la dernière fois où nous avons pu nous exprimer librement sans craindre de choquer, de faire jaser ?

Tyrion ne s'embarrasse pas de toutes ces questions : il fait ce qui lui plaît, quand ça lui plaît et avec qui ça lui plaît. S'il préfère la compagnie de jolies femmes au sacro-saint protocole, il faudra bien son frère et une armée entière pour le ramener à son devoir. S'il souhaite boire jusqu'à plus soif lors de son mariage, se ridiculiser ou encore faire le pitre sur la place publique, il le fera. Car s'il y a bien une chose que Tyrion a compris, c'est que ses actes n'engagent que lui, peu importe la réputation de sa famille. Tyrion n'a jamais eu honte de ce qu'il était ou de ses actions. C'est un nain qui aime boire, faire l'amour et profaner des insanités si le cœur lui en dit, et alors ? S'il avait dû se restreindre au regard des autres ou plutôt au regard que les autres veulent porter sur lui, il serait devenu exactement ce qu'ils voient : un nain lubrique et alcoolique, repoussant aussi bien physiquement que moralement. Or, en allant à contre-courant du regard inquisiteur, Tyrion a montré qu'il était bien plus que cela. Mieux, il s'est révélé en être l'exact opposé.

Pourquoi accordons-nous tant d'importance à ce que l'autre pensera ? Il m'est souvent arrivé de penser que cet esclavage presque consenti m'empêchait de vivre, de me montrer tel que je suis réellement sans penser à ces regards lourds de jugement. Et pourquoi ne pas crier dans la rue quand l'envie nous en prend ? De venir au travail en baskets ? Qui sont ces gens qui imposent leur façon d'être, de penser ? Et si j'ai envie de faire rentrer un rond dans un carré, pourquoi m'en empêcherais-je ?

Les personnes qui nous jugent ne nous connaissent pas ou peu, elles veulent nous enfermer dans un carcan qui correspond à leur vision des choses, car cela les conforte. Ne leur donnez pas ce plaisir, **assumez pleinement qui vous êtes sans vous laisser enclaver par ce regard mensonger**. Il n'y a aucune honte à être soi-même, au contraire. En ces temps de jugement permanent, être soi relève de l'exploit et de la vertu.

C'EST EN FAISANT FI
DU REGARD DES AUTRES
que vous pourrez vous en libérer
et vous épanouir pleinement.

Tyrion Lannister est spontané

« ***C'est dans la spontanéité que nous pouvons être qui nous sommes vraiment.*** »
John McLaughlin

En bon amoureux de la vie qu'il est, Tyrion a érigé la spontanéité au rang de philosophie. Bien malin celui qui saura anticiper ses faits et gestes tant il a le chic pour agir selon son bon vouloir. S'il est vrai que personne ne peut lui dire quoi faire, il sait aussi qu'être spontané a ses limites. Être spontané, oui, mais pas au détriment de ceux qui nous entourent. Tyrion est un électron libre qui a appris à agir de manière responsable sans jamais se renier. C'est cette spontanéité qui l'a poussé à se rendre au Mur pour assouvir une pulsion dont lui seul a le secret. Un exemple parmi d'autres et qui contribuent à la légende du personnage.

Il est aujourd'hui très difficile d'être spontané, tout d'abord à cause du regard des autres tel qu'évoqué précédemment et parce que cela est associé à une démarche purement égocentrique, cela peut très bien se faire au détriment de notre entourage. Une personne exubérante ne verra aucun problème à se donner en spectacle en public, mais *quid* de la personne qui l'accompagne ? Il faut bien l'avouer, faire preuve de spontanéité peut parfois provoquer de sacrés dilemmes. Cela a quelque chose de terrifiant : c'est s'affranchir de tous ses filtres moraux et sociaux que nous nous imposons en temps normal, c'est lâcher prise pour montrer à l'autre qui nous sommes vraiment. Penser et agir sur un coup de tête, car cela correspond à notre manière d'appréhender l'existence. Mais cela n'est pas si facile que ça, et requiert une confiance si ce n'est absolue en tout cas suffisamment importante en l'autre, une envie, un désir d'aller au-delà des conventions pour tendre à l'authentique. Pour ma part, cela passe bien souvent par une volonté d'apporter un peu de légèreté par l'entremise d'un humour souvent noir ou politiquement incorrect. Casser les codes n'a jamais fait de mal, cela témoigne au contraire d'une envie de vivre, de découvrir ce qui se passe si on dépasse le cadre imposé.

Mais c'est à double tranchant : si faire preuve de spontanéité peut se révéler salutaire, pour soi ou dans nos rapports avec les autres, cela n'est pas du goût de tout le monde et **il faut parfois savoir équilibrer entre notre impulsivité et la sensibilité de chacun** en espérant que quelque part les deux se rejoignent.

NE PAS SE CENSURER,
RESTER SPONTANÉ
sans toutefois blesser les autres est un exercice délicat mais pas impossible et si Tyrion y est parvenu, tout le monde peut le faire.

Tyrion Lannister est honnête… enfin presque !

« ***L'honnêteté ne fait pas manger.*** »
Proverbe québécois

Faire fi du regard des autres, être spontané, réaliste… nous avons évoqué beaucoup de notions qui sont à rapprocher d'une certaine idée de l'honnêteté envers soi, envers les autres. Mais est-ce si facile d'être honnête et surtout, en quoi Tyrion Lannister l'est-il ? N'est-il pas au contraire l'antithèse de l'honnêteté ? L'incarnation même de la duplicité ? Oui et non. S'il n'a pas le niveau de Petyr Baelish, alias Littlefinger, Tyrion peut être un sacré filou, un embobineur de première, prêt à vous promettre monts et merveilles, à vous truander, à vous mentir, voire – en de rares occasions – vous poignarder dans le dos si cela sert ses intérêts ! Un art de la mystification qui lui a permis, lorsqu'il était Main de Joffrey, de prendre part avec succès aux intrigues de la cour et de « faire le ménage » dans l'entourage du jeune roi. Et si « un Lannister paie toujours ses dettes », c'est parfois au prix de quelques petits mensonges, Tyrion n'hésitant pas à promettre des fortunes lorsque sa vie est menacée. Il y a quelque chose de facétieux dans la malhonnêteté de Tyrion.

Rappelons que nous ne sommes pas au pays des Bisounours mais à Westeros et que dans cette contrée hostile, être honnête revient à signer son arrêt de mort !

Mais alors en quoi le plus facétieux nain des Sept Couronnes fait-il preuve d'honnêteté ? Dans la plupart des cas et lorsque cela ne sert pas nécessairement ses plans, Tyrion n'a pas sa langue dans sa poche. Il dit ce qu'il pense et pense ce qu'il dit… ce qui lui a valu des problèmes plus d'une fois. Lorsqu'il est livré à la Dame du Val par Catelyn Stark et doit se défendre, Tyrion n'hésite pas à faire le malin en confessant non pas les crimes dont il est accusé mais des bêtises de jeunesse, quitte à grossir le trait par pure provocation ! Mais c'est aussi son honnêteté envers les autres et sa lucidité sur lui et le monde qui l'entoure qui lui valent le respect (mais aussi le mépris) de tous. Tyrion ne fait pas l'unanimité et c'est tant mieux ! Ainsi, il n'hésite pas à remettre son neveu Joffrey à sa place ou à ouvertement critiquer les choix stratégiques de son père. Tyrion a de nombreux défauts mais l'intégrité est sans conteste sa première qualité. Si l'on devait définir Tyrion, on pourrait dire que c'est « le plus Stark des Lannister ».

Nous avons tous, à un moment donné de notre vie, été confrontés à des choix moraux, constamment pris en étau entre le petit ange sur notre épaule qui nous exhorte à dire la vérité et le petit diable qui nous incite au contraire à faire preuve de duplicité. À défaut de Jiminy Cricket ou de petit diablotin, l'observation de son entourage est un bon indicateur. Chaque situation est différente et nécessite de prendre le temps de l'analyse. J'ai moi-même, à titre personnel, déjà été confronté à ce type de tiraillements, de manière parfois extrême. Et l'expérience aidant, j'ai appris qu'être honnête ne relève pas seulement du choix moral mais définit en creux la personne que nous sommes ou celle que nous souhaitons être.

Il est bon, quand cela se révèle nécessaire, de livrer le fond de sa pensée, de dire à l'autre non pas ce qu'il a envie d'entendre mais ce qu'il a besoin d'entendre. Non par sadisme ou méchanceté mais au contraire dans un souci de bienveillance. Trop de personnes ont tendance à se cacher derrière le masque de la politesse, de la bienséance sans toutefois dire ce qu'elle pense réellement. Une parole honnête, aussi blessante soit-elle, peut de prime abord être mal accueillie mais se révélera constructive sur le long terme. Mais avant d'être honnête avec les autres, il faut l'être avec soi-même, sous peine de perdre toute crédibilité. Être honnête, c'est aussi être en accord avec ses principes. Trop ménager l'autre, prendre des chemins de traverse, le caresser dans le sens du poil peut se révéler plus néfaste que prévu. Enfin, n'oubliez pas qu'être honnête ne doit jamais être une excuse ou une justification, sachez mettre les formes et ne l'associez pas à une démarche purement égocentrique, mais au contraire altruiste.

Utilisée à bon escient,

L'HONNÊTETÉ SERA TOUJOURS APPRÉCIÉE.

LES MEILLEURS TWEETS DE TYRION LANNISTER

Si Tyrion avait connu Twitter, nul doute qu'il s'en serait servi comme arme de destruction massive pour broyer ses ennemis à la pointe de son clavier. Et tout ça en moins de 280 signes !

Tyrion Lannister
@tyrionofficiel_aep

Lorsque quelqu'un m'accoste dans la rue en me disant que c'est la première fois qu'il voit un nain, j'ai coutume de répondre « moi aussi »
#Petitmaiscostaud

Tyrion Lannister
@tyrionofficiel_aep

Je n'utilise jamais Twitter pour humilier Joffrey… je préfère le faire en vrai !
#Respectetononcle

Tyrion Lannister
@tyrionofficiel_aep

Joffrey est mort… il faut croire que pour lui aussi la coupe était pleine !
#FreakyFriday

Tyrion Lannister
@tyrionofficiel_aep

À mes amis du Nord : je ne vous dirai jamais d'aller niquer vos mères… vous seriez fichus de le faire !

Tyrion Lannister
@tyrionofficiel_aep

À défaut d'hiver est-ce qu'on ne pourrait pas plutôt voir arriver les soldes ?
#Fashionista

Tyrion Lannister
@tyrionofficiel_aep

L'alcool est le meilleur des désinhibants… les réseaux sociaux aussi !

Tyrion Lannister
@tyrionofficiel_aep

Je désactive toujours ma webcam de peur que Varys l'utilise pour m'espionner !

Tyrion Lannister
@tyrionofficiel_aep

Pour la Saint Valentin, j'ai conseillé
à Jaime d'écrire un mot à l'élue de son cœur…
il l'a adressé à Cersei
#EpicFail

Tyrion Lannister
@tyrionofficiel_aep

Je me demande ce que Jaime va recevoir
pour la Fête des Pères…

Tyrion Lannister
@tyrionofficiel_aep

J'ai fait une partie de Guillaume Tell
avec mon père… il jouait le rôle
de la pomme !

Tyrion Lannister
@tyrionofficiel_aep

Je me demande si Littlefinger va lancer sa propre
application : « Adopte une prostituée » ?

Tyrion Lannister
@tyrionofficiel_aep

Contrairement à ce qu'on pourrait croire,
Jon Snow n'est pas blanc comme neige…
Ok je sors !

Tyrion Lannister
@tyrionofficiel_aep

Avis à tous mes abonnés :
arrêtez de me demander comment
Game of Thrones se termine !

Tyrion Lannister
@tyrionofficiel_aep

Grâce aux réseaux sociaux, les pires
des lâches se rêvent preux chevaliers !

Tyrion Lannister est loyal

« La loyauté d'un adversaire est la promesse d'une amitié. »
Robert Sabatier

La loyauté, entre autres qualités, est davantage attribuée aux animaux qu'aux humains. À moins de faire partie de la mafia, on aura davantage tendance à dire qu'un chien est plus fidèle qu'une personne. Lorsqu'on vous demande ce que vous appréciez le plus chez quelqu'un, la réponse qui vous vient immédiatement à l'esprit n'est pas « sa loyauté », avouons-le ! Si d'aventure quelqu'un me demandait si je suis loyal, j'aurais tendance à l'encourager à visiter la SPA la plus proche. Et pourtant, la loyauté est une vertu, une qualité qui, bien qu'elle se perde, est également la marque des personnes les plus appréciables. Demandez donc à Tyrion ce qu'il pense de la question, il vous répondra que cela fait partie des choses qu'il attend en premier chez quelqu'un. Être loyal n'est pas facile, cela implique une confiance totale mais également un certain nombre de questionnements moraux lorsque celle-ci est mise à l'épreuve.

En cela, la relation entre Tyrion et Bronn est pleine d'enseignements. Parti d'un échange de bons procédés (Tyrion demande à Bronn de le protéger en échange d'or et de terres), leur relation s'est petit à petit muée en franche amitié où chacun témoigne à l'autre une loyauté presque sans failles. Presque, car les doutes et les failles sont là. Bronn aura beau arguer que c'est son pragmatisme et non sa loyauté qui l'auront empêché de tuer Tyrion, son attitude envers son frêle compagnon dit tout l'inverse, il est des choses qui ne trompent pas. Et Tyrion dans tout ça ? Eh bien disons que la loyauté vis-à-vis de sa famille, ce n'est pas tellement ça ! Mais aussi vertueuse soit-elle, la loyauté ne doit pas être aveugle. Témoigner de loyauté envers un proche, faire preuve d'un esprit chevaleresque presque déchu aujourd'hui est une bonne chose, encore faut-il savoir pourquoi le faire, et agir en son âme et conscience.

Être loyal et suivre aveuglément sont deux choses différentes. La loyauté n'a de valeur que si elle se trouve en accord avec vos valeurs. Ne vous mettez jamais en péril moralement ou physiquement pour une personne qui n'en vaut pas la peine, car de la loyauté peut également découler une forme de chantage émotionnel et affectif dont il vous sera alors difficile, voire impossible, de vous dépêtrer. Tyrion a toujours encouragé son entourage à agir en connaissance de cause. Lorsque Tyrion fut condamné à mort pour le meurtre de Joffrey, il a demandé à son écuyer Pod de ne pas risquer sa vie par loyauté et de quitter la ville avant d'être à son tour emprisonné ou tué. Être loyal implique aussi un certain degré de sagesse, et il ne faut jamais laisser les autres s'en servir comme excuse pour en abuser et vous abuser par la même occasion. Cette qualité, comme beaucoup d'autres, n'a de valeur que si elle est basée sur un respect mutuel.

LA LOYAUTÉ EST UNE VALEUR PRÉCIEUSE

qui tend à se perdre, ne l'accordez pas à n'importe qui !

TYRION LANNISTER SAIT DIRE NON

« *C'est très puissant de dire non.*
***C'est la chose la plus puissante que l'on puisse dire.* »**
BILL MURRAY

Nous avons précédemment établi que Tyrion sait ce qu'il veut… et ce qu'il ne veut pas. Ce qui implique qu'il sait dire non. Comme tout le monde, Tyrion est du genre à ne pas aimer qu'on lui dise ce qu'il doit faire, il a sa fierté et il y a des limites à la gentillesse, surtout quand cela veut dire se faire marcher sur les pieds ! Et s'il doit s'astreindre à quelques devoirs familiaux, il n'est pas du genre à obéir aveuglément. Dire trop souvent oui et faire preuve de bonne volonté excessive lui a déjà attiré pas mal d'ennuis. Aussi, avec le temps, a-t-il appris à dire non. Un mot qui faisait déjà partie de son vocabulaire mais qu'il a maîtrisé avec plus ou moins d'autorité au fil des ans. Tyrion a toujours été une tête de mule mais cela lui a sauvé la vie plus d'une fois. Lorsque Catelyn lui demande d'avouer la tentative d'assassinat sur la personne de Bran, Tyrion refuse, pas tant par instinct de survie que par refus d'aller à l'encontre de ses principes en mentant. Dire non est une manière pour Tyrion d'affirmer sa différence, de faire preuve de cette assurance qu'il a mis du temps à acquérir. Autant il sait très bien dire non à autrui, autant le clamer haut et fort devant sa famille et s'exposer à leur désapprobation (surtout celle de son père) a été un véritable chemin de croix, mais il y est parvenu.

Dire non semble facile. Après tout, ce n'est qu'un mot, parmi les premiers même que nous avons appris à dire enfant, bien avant de savoir dire oui. Le plus difficile ne réside pas tant dans la diction que dans ce que ces trois petites lettres impliquent. Dire non, c'est marquer sa désapprobation et s'exposer *in fine* à la déception de l'autre. « Quoi, tu ne veux pas garder mon chien pendant quinze jours ? Mais comment je vais faire ? », « Vous ne voulez pas rester au bureau jusqu'à 23 heures ? Vous n'êtes pas très *corporate,* mon vieux ! ». Que ce soit dans votre vie privée ou professionnelle on attendra toujours que vous disiez oui, sans jamais vous autoriser à dire non. Parce que non est vu à la fois comme un gros mot mais également comme une sorte d'attaque. Dire non, c'est fermer à l'autre la possibilité d'abuser de vous, lui refuser la possibilité d'un arrangement qui ne conviendra qu'à lui, en vous opposant à son confort au détriment du vôtre. Vous exprimez clairement la primeur de votre bien-être sur le sien et en ces temps d'égocentrisme aigu, il n'y a rien de pire.

Dire non n'est pas quelque chose d'acquis, cela s'apprend. Au lieu de subir constamment, de vivre dans une forme de « soumission positive » à force de toujours répondre par l'affirmative et vous laisser écraser par les besoins des autres, apprenez parfois à dire non. Il ne s'agit pas là d'égoïsme mais d'auto-préservation, de votre temps, de votre être. À trop vous laisser grignoter par les besoins d'autrui vous oubliez les vôtres et vous vous oubliez. Sachez faire le distinguo entre ce qui relève du service que vous rendez volontiers et l'ordre déguisé.

Apprendre à dire non est une forme de courage. Celui de s'exposer frontalement à une forme de déception exprimée par l'autre. N'hésitez pas à dire non si vous jugez que ce que l'on vous demande dépasse les limites morales et/ou physiques que vous vous êtes fixées. Au contraire, l'honnêteté sera toujours plus appréciée qu'une forme de docilité qui, à un moment donné, vous reviendra forcément au visage, comme un boomerang. N'ayez pas honte de vous affirmer, dire trop souvent oui n'est pas nécessairement un signe de gentillesse, mais parfois de faiblesse. Dire non quand cela s'impose signifie que vous avez le sens des priorités et qu'un « non » aujourd'hui se transformera peut-être en un « oui » demain, à condition que vous le décidiez.

PLUS VOUS VOUS AFFIRMEREZ,
plus il vous sera facile de dire non…
et paradoxalement oui !

TYRION LANNISTER SAIT S'ADAPTER

*« **L'intelligence c'est la faculté de s'adapter au changement.** »*
STEPHEN HAWKINS

De tous les personnages évoluant dans *Game of Thrones*, Tyrion Lannister est certainement l'un des plus fascinants. Pour toutes les raisons que nous avons déjà évoquées, certes, mais aussi par sa grande capacité d'adaptation à des conditions de moins en moins favorables. À commencer par sa condition physique : si sa petite taille l'a toujours empêché d'être un grand guerrier, de se battre avec autant d'adresse et de fougue que son frère Jaime, lorsque arrive le moment de montrer les poings (ou les armes), il arrive toujours à trouver une parade, soit par la ruse, la force des mots ou tout simplement en demandant à quelqu'un d'autre de le faire à sa place. Si une porte se ferme devant Tyrion, il trouvera toujours le moyen d'entrer d'une façon ou d'une autre ! Loin de se laisser décourager par son handicap, il a su faire de sa petite taille, un atout, un argument, voire une technique de drague imparable !

Envoyer Tyrion se geler les miches en compagnie des membres de la Garde de Nuit au-delà du Mur ? Pas de problème, il y trouvera de toute façon des compagnons de beuverie et suffisamment d'alliés pour garder un souvenir impérissable ! Un mariage forcé avec Sansa Stark ? Des réticences, oui, mais pas de problèmes, Tyrion est un gentleman qui saura gagner le respect de son épouse forcée. Souvenez-vous aussi de la bataille de la Néra ou des nombreuses conspirations qu'il a su déjouer. Entre autres désagréments, il a dû également composer avec une vilaine cicatrice (cadeau de Cersei venue lui témoigner son affection par l'entremise de son redoutable homme de main) en plein milieu du visage. Pensez-vous que cela l'a empêché de reprendre ses bonnes vieilles habitudes ? Bien sûr que non ! Tyrion a le chic pour s'adapter aux situations les plus retorses. Ne baissant jamais les bras, refusant toute fatalité, il est de ceux pour qui il n'y a pas de problèmes, seulement des solutions, et tant pis si ces dernières sont brinquebalantes ; pourvu qu'elles marchent ! Il est comme ça, Tyrion, il turbine constamment et refuse que les circonstances lui donnent tort. Ce qui nous plaît notamment chez lui, c'est sa capacité d'adaptation aux handicaps liés à son physique, à son environnement ou aux évènements. Quel que soit le contexte, il saura s'adapter et rester lui-même.

La vie est remplie de contraintes diverses et variées. Plier sous leur poids se révélera forcément néfaste à court ou long terme. À l'image de Tyrion, apprenez à vous adapter et à transformer une situation défavorable en atout. Comme beaucoup de gens, Tyrion n'a pas choisi les cartes qu'on lui a données et il est pourtant toujours parvenu à transformer un mauvais jeu en as. Sachez être flexible et tourner cette souplesse à votre avantage. Une contrainte peut être aisément simplifiée si elle est abordée sous un autre angle, mais la transformation ne peut venir que de vous, de votre état d'esprit et surtout de votre capacité à voir le verre à moitié plein et non à moitié vide.

S'adapter ne signifie pas céder. Un exemple à suivre, que ce soit dans la vie professionnelle ou personnelle, apprenez à transformer une contrainte en atout, une mauvaise circonstance en opportunité.

S'ADAPTER
est non seulement une marque d'optimisme
mais également d'intelligence
très prisée et appréciée.

UNE JOURNÉE DANS LA VIE DE TYRION LANNISTER

SAISON 6

« **CELA FAIT BIEN LONGTEMPS** que je n'avais eu un réveil aussi agréable. J'en suis d'autant plus étonné qu'aucun verre de vin ou jeune fille endormie ne m'entoure. La sobriété a des vertus insoupçonnées ! Ma rencontre avec Daenerys a été déterminante : rarement personne ne m'avait confié si aisément sa confiance. Pour la première fois depuis bien longtemps j'ai envie d'y croire et j'ai le sentiment de pouvoir véritablement changer la donne à ses côtés. Daenerys m'accepte tel que je suis, elle a su voir au-delà de ma réputation de nain malicieux et parricide, décrypter les mots d'esprit et le cynisme apparent. Je ne voudrais pas trop m'avancer mais si mes démons me hantent encore, le temps passé à ses côtés pourrait les apaiser. Peut-être...

CROIRE, ÊTRE PÉTRI D'UNE FOI ABSOLUE en une cause qui ne soit pas religieuse ou politique mais surtout humaniste est nouveau pour moi. La Mère des Dragons serait-elle en train de révéler le meilleur de moi-même ? Toujours est-il qu'avec mes nouvelles fonctions se joint une certaine sagesse. Daenerys semble me voir moins comme un subalterne que comme un conseiller, quelqu'un dont la parole a de la valeur. Cela fait longtemps, si ce n'est jamais, que je n'avais ressenti une telle confiance mutuelle.

UNE CONFIANCE TELLE qu'elle m'a laissé prendre les rênes en son absence. Lourde responsabilité, mais je ferai tout pour me hisser à la hauteur de cet honneur. La responsabilité, encore un terme qui m'était relativement étranger jusque-là. Une position à la fois intimidante et galvanisante, mais Daenerys a été un excellent modèle, en me calant sur elle. Qu'est-ce qui pourrait bien aller mal ? Des doléances ? Je me ferai fort d'y répondre en son nom, de dispenser la justice comme elle...

PAS DE QUOI CALMER les Fils de la Harpie dont la révolte éclate toujours plus fort. J'ai beau avoir fait de mon mieux, j'ai comme la désagréable impression d'avoir déçu ma reine. J'espère qu'elle saura me pardonner. Si jamais elle réalise son destin en montant sur le Trône de Fer, elle aura besoin de toute l'aide nécessaire pour régner et je ne tiens pas à être exclu, je veux participer au changement et apporter avec elle la paix au sein des Sept Royaumes. Que pensera-t-elle une fois de retour ? Mieux vaut se faire discret, le temps est le meilleur des conseillers. »

« C'EST **LA VIE** QUE
JE PRENDS COMME
UNE
PLAISANTERIE.
LA VÔTRE, LA MIENNE,
CELLE DE TOUT
UN CHACUN. »

Saison 7

Tyrion Lannister se concentre sur l'essentiel… enfin presque !

« Chaque instant de notre vie est essentiellement irremplaçable : sache parfois t'y concentrer uniquement. »
André Gide

Quand il n'est pas dans les bras d'une femme ou occupé à vider les réserves d'alcool de toutes les tavernes qu'il visite, Tyrion Lannister a une capacité de concentration hors du commun. Ce n'est pas pour rien qu'il a été nommé deux fois Main du Roi ! Lorsqu'il décide de se consacrer à un sujet, rien ni personne ne peut l'en détourner, pas même Shae, la prostituée élue de son cœur qu'il a ramenée avec lui. En bon stratège, Tyrion sait se focaliser sur l'essentiel sans s'embarrasser du superflu. Direct, il n'accorde guère d'importance aux messes basses et préfère cultiver son esprit plutôt que son physique et priorise quand cela est nécessaire. Ce portrait studieux semble bien éloigné du Tyrion que nous connaissons, mais ce serait vite oublier qu'il est un homme de lettres qui, outre sa réputation sulfureuse, s'est toujours investi totalement dans les tâches qui lui ont été confiées avec un sérieux admirable. Tyrion a le sens des priorités et ne se laisse que rarement distraire, si ce n'est jamais. Il aura ensuite fallu qu'il passe par un parricide et une traversée du désert (au propre comme au figuré) pour que Tyrion se délaisse totalement des distractions qui le bridaient jusque-là pour se concentrer uniquement sur l'essentiel et devenir le plus proche conseiller de Daenerys. Tyrion est mort, vive Tyrion !

Nous avons beaucoup trop tendance à nous laisser distraire par les éléments extérieurs, perdant un temps précieux que jamais nous ne pourrons rattraper. Aujourd'hui – et c'est particulièrement vrai dans notre société actuelle –, notre capacité de concentration devient de plus en plus limitée et il est de plus en plus difficile de se concentrer sur l'essentiel. J'ai moi-même regardé un nombre incalculable de vidéos de chats entre deux paragraphes de ce chapitre, entamé en pleine matinée et pas encore terminé alors que le soleil se couche, imaginez si j'avais été coupé d'Internet !

Notre cerveau fonctionne aujourd'hui de manière périphérique, nous dérivons facilement, sautons du coq à l'âne, comme si l'essentiel nous faisait peur. Aller droit au but, c'est se confronter à quelque chose d'éminemment concret, c'est être dans l'action au lieu d'être passif. Il est plus simple de se laisser distraire que de se concentrer. Après tout, enfant, nous avions tous hâte que sonne la récré. C'est exactement le même processus ici. À la différence près que si l'école pouvait se révéler rébarbative, ce qui constitue aujourd'hui « l'essentiel » est beaucoup plus stimulant.

Aller droit au but, c'est non seulement se confronter à sa vie d'adulte mais également gagner du temps pour pouvoir mieux se consacrer à des activités plus récréatives. À trop s'éparpiller dans ses tâches, on donne une impression d'inconstance, répréhensible aussi bien dans sa vie professionnelle que personnelle, et on finit par se laisser totalement submerger par le temps qui passe. Exemple : depuis que j'ai entamé ce paragraphe, je ne me suis laissé distraire par aucune vidéo de chat et le temps gagné me permettra de m'autoriser une petite pause récréative. CQFD !

L'ESSENTIEL EST À PORTÉE DE MAIN,
il suffit de regarder dans la bonne direction !

Tyrion Lannister est curieux

« On ne force pas une curiosité, on l'éveille. »
Daniel Pennac

Contrairement à son frère et sa sœur, Tyrion a toujours fait preuve d'une réelle curiosité pour le monde qui l'entoure, bien loin du formatage assené par son père. Une curiosité qui passe par la lecture certes mais également par un sens de l'observation aigu de son environnement et de ceux qui le constituent. Il n'y a pas un sujet que Tyrion ne veut maîtriser, une mécanique qu'il ne peut comprendre. Et à défaut d'émerveillement – sauf quand il croise un dragon – Tyrion trouve dans l'inconnu source de plaisir, de découverte, d'apprentissage. Tyrion part du principe que nous avons tout à apprendre du monde. Qu'il ne nous est pas acquis, il a existé bien avant nous et perdurera bien après. Lorsque quelque chose lui résiste, il n'opte pas pour le passage en force, non il la scrute, l'analyse, tente de la comprendre pour mieux l'appréhender. D'une intelligence extraordinaire, il aime être surpris, non pour l'extirper de son morne quotidien mais pour alimenter cette curiosité qui lui sied si bien.

La curiosité, comme bien des vertus, tend à se perdre. Aujourd'hui, nous sommes persuadés de savoir tout et que si un sujet nous échappe, Wikipédia sera notre ami. Et pourtant, comme Jon Snow, « nous ne savons rien », ou si peu. Le monde est constitué de telles richesses qu'il faudrait plusieurs vies pour en faire le tour. Mais la curiosité demande un effort : celui de regarder au-delà de son nombril, de ne pas avoir peur de se découvrir d'autres centres d'intérêt que celui ou ceux qui régissent notre petite vie déjà bien remplie. **Être curieux, c'est questionner, (se) remettre en cause pour mieux se laisser cueillir par le plaisir de la découverte.** Être curieux des autres, de son environnement, c'est poser un regard, aller à la rencontre d'autres personnes et d'autres choses. Oui, cela peut faire peur mais cela se révèle toujours gratifiant.

Exemple en est d'un de mes amis : éternel curieux, il ne se contente pas d'aborder superficiellement un sujet, au contraire, il préfère le creuser, encore et encore, pour mieux tenter de le comprendre et de l'analyser. Une qualité qui nous vaut de longues et passionnantes discussions durant lesquelles il n'est jamais dans une démarche de « frime » mais plutôt de transmission. Cela vaut aussi pour le fait d'être curieux de l'autre, qui peut se révéler aussi gratifiant pour lui que pour vous. Car être curieux de l'autre c'est aussi apprendre à connaître quelqu'un et, pourquoi pas, faire une belle rencontre. Être curieux c'est ce qui nous rend humain, au fond.

Il est dit que la curiosité est un vilain défaut, Tyrion et moi ne sommes pas d'accord : au contraire, elle nous nourrit. Le savoir est comme une plante qui a besoin d'étancher sa soif sous peine de faner puis de mourir. Il est aussi un moyen de croire encore en l'émerveillement, de laisser surprendre par la relative simplicité des choses ou leur fonctionnement complexe. Ne pas être curieux, c'est se résigner à l'extinction, la fatigue, la paresse intellectuelle. Bien malin celui qui prétend tout savoir, et bien triste celui qui ne veut plus rien apprendre. La connaissance est la nourriture de l'âme, elle s'acquiert petit à petit et doit être constamment cultivée. Encouragez votre curiosité, poussez-la à vous amener sur des territoires inconnus, quelle que soit la découverte que vous ferez, vous en ressortirez différent, grandi, avec le sentiment de ne pas avoir totalement perdu votre temps !

CULTIVEZ VOTRE CURIOSITÉ,
n'en ayez jamais honte, au contraire,
c'est elle qui vous rend intéressant.

Tyrion Lannister n'a pas sa langue dans sa poche

« Les bavards sont les plus discrets des hommes : ils parlent pour ne rien dire. »
Voltaire

« Ne pas avoir sa langue dans sa poche » est une expression qui m'a toujours amusé. Non seulement pour son côté imagé (à moins d'être un *serial killer*, une langue n'est pas ce qu'on retrouve en premier dans sa poche) mais également pour tout ce qu'elle implique. Qui n'a jamais rêvé de dire ses quatre vérités à un collègue, un ami ou un parent qui nous oppresse ou nous agace ? Qui ne s'est jamais imaginé balancer la bonne réplique (ou *punchline* comme disent nos amis publicistes) à la bonne personne au bon moment ? Il y a quelque chose d'incroyablement galvanisant à l'idée de moucher celui ou celle qui le mérite et lui dire ce que personne n'a osé lui dire avant. On se sent comme un pionnier, comme Neil Armstrong qui pose le pied en premier sur la Lune. Ce que d'autres n'ont fait que fantasmer, VOUS l'avez réalisé. Vous avez enfin dit tout haut ce que tout le monde pense tout bas, vous avez le culot, le courage de parler pour tous, d'envoyer la petite pique, le bon mot que tout le monde vous envie. Tyrion a dû se sentir très fier quand il a mouché Theon pour la première fois en lui demandant si ça ne le dérangeait pas d'être devenu le laquais des Lannister ! Dire le fond de sa pensée, parler sans filtres, sans peur des conséquences, avoir l'opportunité de remettre les personnes à leur place ou à mettre fin à une hypocrisie qui a trop duré est quelque chose dont nous rêvons tous. Mais alors pourquoi est-ce si difficile ? Pourquoi nous autocensurons-nous au point de ne plus rien dire ? Qu'est-ce qui nous bloque ? La bienséance ? L'instinct de survie ? Peut-être tout simplement un manque de confiance, un sentiment de ne pas se sentir légitime, de préférer jouer la carte de la diplomatie pour ne pas faire de vagues. La peur joue aussi un rôle prépondérant.

Comme beaucoup, je me suis souvent laissé bloquer par cette peur, laissant par là même passer de nombreuses occasions de me faire entendre, de m'affirmer. Et puis j'ai observé Tyrion : son air débonnaire, sa façon si personnelle de s'exprimer et de faire passer des messages de manière tour à tour frontale ou subtile. Si nous aimons Tyrion ce n'est pas seulement parce qu'il est l'un des personnages les plus charismatiques ou positifs de l'univers *Game of Thrones*, c'est aussi pour sa franchise et sa manière de régler les injustices par la seule force de la parole. Il faut dire que notre Lannister préféré a le chic pour renvoyer tout le monde à sa propre hypocrisie. Un véritable exploit dans le « petit » monde de *Game of Thrones* composé d'intriguants et de menteurs ! Par sa manière de remettre tout le monde à sa place et de s'en tirer avec les honneurs, il réalise un double fantasme : celui du spectateur qui désire ardemment moucher certains personnages exécrables auxquels personne, sauf Tyrion, n'ose s'attaquer et celui de la personne qui aimerait pouvoir mettre en pratique cette « coolitude » dans la vie de tous les jours. Soit précisément ce qu'il a fait à maintes reprises avec Joffrey, qu'il n'a pas hésité à frapper et humilier pour mieux le recadrer. Sans aller dans ces excès, qui n'a jamais rêvé de remettre son tyran de patron à sa place, exposer l'hypocrisie de la cour qui se masse autour de la machine à café, asséner quelques vérités bien senties à ce parent insupportable, bref être le Tyrion du quotidien et rééquilibrer les forces en place ?

Nous avons TOUS le pouvoir d'être le Tyrion de notre propre vie. Mais pour cela il faut savoir être stratège et intelligent, car ne pas avoir la langue dans sa poche peut rapidement se révéler être à double tranchant. Moucher pour moucher est la manifestation d'un égocentrisme qui se retournera rapidement contre vous. **Savoir asséner des vérités requiert un véritable art du timing**.

UNE BONNE PUNCHLINE
AURA DAVANTAGE D'IMPACT
AU BON MOMENT
que lancée de manière totalement arbitraire et gratuite.

LA PLAYLIST IDÉALE DE TYRION

Tyrion n'aime pas les musiciens, c'est un fait ! La plupart du temps parce que ces derniers chantent faux et se complaisent dans des morceaux aux paroles douteuses. Mais s'il existait de nos jours, nul doute qu'il aurait pris d'assaut les plateformes musicales pour se concocter une playlist dont lui seul a le secret. Et si on imaginait la playlist de Tyrion ?

Quand Tyrion se réveille :
Wake me up Before You Go-Go **de Wham !**

Quand Tyrion prend sa douche :
Don't stop me now **de Queen**

Quand Tyrion reçoit la visite de son frère :
Lean on Me **de Bill Withers**

Quand Tyrion pense à sa sœur :
Gold Digger **de Kanye West**

Quand Tyrion est convoqué par Joffrey :
Marche à l'ombre **de Renaud**

Quand Tyrion part en mission :
Higway to Hell **d'AC/DC**

Quand Tyrion revient de mission :
Du rhum des femmes **de Soldat Louis**

Quand Tyrion pense à Shae :
You're the first, the last, my everything
de Barry White

Quand Tyrion pense à son père :
Papaoutai **de Stromae**

Quand Tyrion rentre chez lui :
A Hard day's night **des Beatles**

Quand Tyrion a bu un coup de trop :
Désolé pour hier soir **de Tryo**

Quand Tyrion plaide sa cause au tribunal :
Smooth Criminal **de Michael Jackson**

Quand Tyrion part se coucher :
Gran Torino **de Jamie Cullum**

Quand Tyrion à le blues :
Creep **de Radiohead**

Tyrion Lannister est décontracté

« La connerie, c'est la décontraction de l'intelligence ! »
Serge Gainsbourg

On ne peut pas dire que je suis un baba cool, loin de là. Constamment à l'affût, soucieux de la moindre anicroche qui pourrait enrayer la mécanique bien huilée de mon existence, on peut même dire que je suis l'anti-baba cool, une incarnation de l'inquiétude, du souci, un pur produit de mon époque où tout, absolument tout, revêt une importance vitale : de la liste des courses à la programmation du micro-ondes en passant par l'emploi du temps du week-end. Tout doit être pensé, calculé méticuleusement, sans aucune place à l'erreur. Un problème qui tend à se généraliser chez tout le monde, la décontraction étant de plus en plus vue comme source de culpabilisation. Être décontracté, c'est être passif – donc paresseux – et ne pas laisser les problèmes du quotidien nous toucher suffisamment. Longtemps, j'ai cru à cette doctrine de l'action à tout prix. Être soucieux, constamment sur le qui-vive, en attente du pire, c'est remplir un vide.

Mais c'était avant que je voie comment la décontraction de Tyrion, non contente de lui éviter quelques cheveux blancs (phénomène capillaire auquel je n'échappe malheureusement pas !), lui a permis de se sortir de situations bien compliquées.

Et s'il y a bien une leçon que Tyrion nous a enseignée tout au long de ses aventures, c'est qu'être décontracté ne veut pas dire nécessairement faire preuve de sang-froid mais plutôt refuser de toujours laisser les tracas de la vie nous compresser, au point de nous étouffer. C'est ne pas voir le problème mais la solution, accepter de lâcher prise et de laisser parfois entrer une part d'aléatoire dans son existence. Dans la dernière saison lorsque Bronn, mandaté par Cersei, menace de tuer Jaime et Tyrion, ce dernier ne panique pas. Au lieu de cela, il lui propose – avec le flegme qu'on lui connaît – un marché qu'il ne pourra pas refuser. Une passe d'armes verbale parmi tant d'autres qui montre combien être décontracté peut se révéler salutaire !

Sur ce point comme sur de nombreux autres, Tyrion a été un véritable gourou pour moi : sa décontraction, sa manière de ne jamais se laisser déborder, de laisser le temps au temps, de ne pas se laisser atteindre m'a permis d'appréhender les choses différemment, de garder la tête sur les épaules et d'éviter l'apparition prématurée de rides !

Il est bon de ne pas toujours vouloir tout contrôler, parfois même c'est avec cette attitude que les astres parviennent à s'aligner parfaitement. **Être décontracté, c'est appréhender la vie d'une autre manière.**

COMME TYRION, NE LAISSEZ PAS LES PETITS TRACAS DE LA VIE QUOTIDIENNE VOUS PARALYSER, *abordez-les avec philosophie et calme.*

TYRION LANNISTER EST DÉBONNAIRE

« Je ne suis pas battant, de peur d'être battu,
– Et l'humeur débonnaire est ma grande vertu. »
MOLIÈRE

On me dit souvent que je suis gentil, bonne pâte, avec cette bienveillance teintée de reproche comme si dans la société actuelle, être débonnaire signifiait signer son arrêt de mort. Oui, être trop gentil est aujourd'hui une anomalie, dans la mesure où tout a ses limites et que l'extrême gentillesse dont vous ferez preuve ne vous sera jamais rendue totalement. C'est en partie vrai, il ne fait pas bon être trop gentil car certaines personnes risquent d'en abuser. Sauf que… contrairement aux idées reçues, personne n'est TROP gentil, chacun a ses limites. Autre idée reçue à combattre : être débonnaire ne signifie pas être faible… à condition de bien orienter sa bonté. Explications : si vous destinez votre gentillesse aux bonnes personnes, elle sera toujours récompensée et rendue au centuple. Si au contraire vous faites preuve d'une gentillesse extrême vis-à-vis des mauvaises personnes, ces dernières y verront une faille dans laquelle s'engouffrer, grignotant à chaque fois un peu plus pour mieux abuser de vous. Croyez-en un expert ès gentillesses : il y a gentil et gentil.

Les limites de la gentillesse, Tyrion en a fait l'amère expérience. Combien de fois par excès de gentillesse s'est-il laissé embobiner par des personnes qui ne le méritaient pas ? Lorsqu'en l'absence de Daenerys, Tyrion conclut un pacte avec les anciens maîtres esclavagistes, il pense avoir rétabli la paix à Mereen. Au lieu de cela, les maîtres attaquent la ville et prennent la pyramide d'assaut. Il faudra attendre l'intervention de la Mère des Dragons pour rétablir la situation.

Son côté débonnaire a failli, littéralement lui coûter la vie. Ce n'est qu'avec l'expérience qu'il a acquise que sa gentillesse ne devait pas être annihilée, écrasée par la noirceur d'un monde qui voit tout acte positif comme un signe hostile. Au contraire, il a appris à diriger sa gentillesse vers les bonnes personnes comme Bronn, Jon Snow ou encore son écuyer Pod. C'est cette même bonté bien orientée qui lui aura sauvé la mise en bien des occasions tout en lui servant de boussole salutaire.

Les gens ne sont pas mauvais de nature mais ont été conditionnés à faire preuve de méfiance devant un excès de gentillesse. **Apprenez à bien orienter cette bonté qui vous distingue des autres et à identifier ceux qui ne la méritent pas**. Ne laissez jamais personne vous convaincre qu'être bon signifie être faible, la véritable faiblesse réside dans l'indifférence. Comme pour le reste, tout est une question de dosage. Sachez faire preuve de bonté mais jamais à votre détriment.

IMPOSER DES LIMITES BIEN DÉFINIES

ne fera pas de vous une mauvaise personne, bien au contraire, elle ne rendra que plus spéciale la relation que vous entretenez avec les personnes choisies.

Tyrion Lannister est élégant

« L'effet le plus essentiel de l'élégance est de cacher les moyens. Tout ce qui révèle une économie est inélégant. »
Honoré de Balzac

On peut reprocher beaucoup de choses à Tyrion Lannister, personnage aussi imparfait qu'attachant, mais le manque d'élégance n'en fait pas partie. Sans être une *fashionista*, il a toujours su s'habiller avec classe, choisissant les meilleures étoffes, sinon les moins ordinaires pour s'habiller. Quand Tyrion arrive dans une pièce, on sent tout de suite que le monsieur a du goût. S'il avait un compte Instagram, aucun doute que chacun de ses posts multiplierait les *like* et qu'il serait vite propulsé au rang d'influenceur mode ! À défaut d'une telle reconnaissance, Tyrion a dû se contenter de faire le beau lors des nombreuses cérémonies que le protocole lui imposait. De quoi satisfaire son père (à défaut d'en faire sa fierté) qui ne pouvait espérer représentant de la maison Lannister plus élégant.

Mais l'élégance ne se mesure pas (seulement) aux étoffes de sa garde-robe. Non, l'élégance, la classe, c'est aussi et surtout un état d'esprit qui implique aussi bien d'être chevaleresque que parfaitement conscient du monde qui nous entoure et de l'autre. Ne jamais se laisser embarquer par le tumulte ambiant et rester fidèle à certaines valeurs en toutes circonstances. Tyrion est typiquement le genre de personnes qui dans le métro laisserait sa place aux femmes enceintes ou aux personnes âgées, ouvrirait la porte aux dames tout en témoignant respect aux aînés, saluerait son adversaire, qu'il perde ou qu'il gagne.

L'élégance est une valeur qui se perd car trop souvent assimilée à un état d'esprit daté ou sujet à interprétations inappropriées. Et pourtant, l'élégance est ce qui nous distingue des personnes qui ont érigé la vulgarité et l'égoïsme, au rang de standard. Et puis, il y a un certain charme dans l'élégance, à l'idée qu'on ne se laisse pas aller à la facilité. C'est aussi une certaine idée du paradoxe : s'effacer pour mieux s'effacer ; là où d'autres s'imposent de manière ostentatoire, la personne élégante préférera faire preuve de discrétion, de subtilité.

Et pourquoi, en ces temps de vulgarité éhontée où les gens confondent classe et bling-bling, ne pas oser l'élégance ? Quitte à être accusé de verser dans le suranné ! **Autorisez-vous à être une belle personne autant sur le plan extérieur qu'intérieur**. Les gens ont trop tendance à penser qu'élégance rime avec marques de luxe et signes extérieurs de richesse. Mais la vraie richesse vient de l'intérieur et croire encore aujourd'hui que certains comportements « chevaleresques » existent, c'est faire preuve non seulement d'élégance mais également de grandeur d'âme. Ces valeurs tendent à se perdre et il ne tient qu'à vous de continuer à les faire exister, afin de prouver aux gens qui vous entourent qu'il existe encore de bonnes personnes et qu'il reste de la place pour la beauté… dans tous les sens du terme. N'ayez jamais honte de faire preuve d'élégance, qu'elle soit vestimentaire et/ou morale. Tyrion a fait le choix de ne pas choisir et c'est aussi pour ça qu'on l'aime.

AUTORISEZ-VOUS L'ÉLÉGANCE
sans jamais vous laisser influencer par des diktats extérieurs.

UNE JOURNÉE DANS LA VIE DE TYRION LANNISTER

SAISON 7

« **TOUT CE TEMPS PASSÉ AUPRÈS DE DAENERYS** me fait un bien fou. Je ne bois plus, j'ai fait vœu de chasteté, je suis littéralement un autre homme, plus sage, apaisé. Si mon ancien moi me voyait, il hurlerait de rage devant ce qu'il estimerait être de la lâcheté ou de la peur. Il n'envisagerait pas une seule seconde de se passer de vin et de femme. Mais l'ancien moi n'a pas vécu ce que j'ai vécu, et il n'a pas rencontré Daenerys. J'ai une confiance totale en ma reine, je sais qu'elle apportera paix et stabilité dans le royaume. Je vois bien que Varys commence à nourrir quelques doutes, mais j'ai tôt fait de les dissiper. En attendant que Daenerys puisse prendre sa place légitime sur le trône, je lui prodigue mes conseils. Jamais je ne me suis senti autant pris au sérieux en tant que Main. C'est justement sur mes conseils qu'elle a accepté de rencontrer Jon Snow, le nouveau Roi du Nord. Je ne sais pas ce que cette rencontre donnera, mais j'ai hâte de voir les deux souverains se rapprocher. Une union avec le Nord ne peut que nous être bénéfique.

LA RENCONTRE A BIEN EU LIEU et elle fait des étincelles, heureusement que je suis là pour temporiser ces deux tempéraments. Je suis heureux de revoir Jon, la dernière fois que nous nous sommes vus, j'étais encore un fils à papa un peu arrogant – mais sympathique –, soucieux de ne pas être trop associé à ma famille. Aujourd'hui, je m'en suis totalement détaché. Il est amusant de voir comment nous avons évolué chacun, mené nos propres combats, emprunté nos propres chemins. Jon est devenu l'égal de son père et moi l'exact opposé du mien. Ce que le temps et les circonstances n'ont pas changé, c'est l'estime que nous avons l'un pour l'autre.

PREMIÈRE GRANDE BATAILLE et premier tiraillement moral. Daenerys a fait prisonnier Randyll et Dickon Tarly et compte les exécuter ; je lui déconseille de le faire mais elle ne m'écoute pas. Une décision qui me déplaît au plus haut point. Daenerys et moi nous disputons, je lui reproche son manque de clémence, elle me reproche de mal la conseiller. Serait-ce le début de la fin ? Malgré les circonstances, je ne veux pas retomber dans ce cynisme qui était le mien il y a encore peu de temps. Lorsque son aide est requise au-delà du Mur pour sauver Jon, je l'exhorte de ne pas le faire. Je n'ai rien contre Jon, mais j'ai le pressentiment que cela pourrait mal finir. Il y a quelque chose dans ce lien qui les unit et qui va bien au-delà de l'alliance qui me déplaît. Je serais prêt à tout pour ma reine, même à risquer ma vie en organisant une rencontre secrète avec ma sœur. Il fut une époque où on aurait attribué telle attitude de ma part à de l'inconscience ou de la provocation, mais là, c'est différent. Face à la menace des Marcheurs Blancs, nous avons besoin de nous unir. L'échange est tendu, pas une seconde ne passe sans que je m'attende à un coup fourré. Je sens encore la haine et le mépris dans son visage mais j'ai également l'impression que derrière cette façade se cache quelque chose.

MALGRÉ TOUT CE QUE J'AI VÉCU, ce que j'ai vu et en dépit de nos différences, je sais qu'il y a encore de la bonté en Cersei, j'en appelle à son humanité, son désir d'offrir un avenir à son futur enfant. Elle n'a rien besoin de me dire, j'ai toujours été fin observateur et là j'ai touché une corde sensible, peut-être bien notre dernière chance. Je sais comment fonctionne ma sœur : la reine méprise tout ce que je suis et vomit chacune de mes paroles, mais la future mère sait que j'ai raison. Elle accepte que nous unissions nos forces. Puis-je vraiment lui faire confiance ? La réponse viendra en temps voulu, pour l'instant je suis vivant et paradoxalement, ces retrouvailles m'ont fait quelque chose. En parlant de retrouvailles, celles entre Daenerys et Jon ne m'ont pas laissé de marbre. Voir les deux souverains se rapprocher aussi intimement m'a ébranlé. Serais-je au fond amoureux de Daenerys ? Une forme de peine m'accable. »

« UN LANNISTER
PAIE
TOUJOURS
SES DETTES. »

Saison 8

Tyrion Lannister est mystérieux… à sa manière

« Plus un homme est bête et moins l'existence lui semble mystérieuse. »
Arthur Schopenhauer

« Joue de ton côté mystérieux »… cette phrase aux allures de mantra pour séducteur du dimanche, j'ai dû me la répéter une bonne centaine de fois dans ma tête, multipliant les regards langoureux devant un miroir qui n'en demandait pas tant ! Il y a quelque chose de profondément séduisant dans le mystère, quelque chose sur laquelle les gens autour de vous n'ont pas prise, car vous ne leur donnez pas à voir. Il peut être utilisé comme arme de séduction massive, servir à allumer ou à entretenir une flamme. Cultiver le mystère c'est cultiver l'art de la frustration et donc d'une certaine manière, du jeu. Et quoi de plus amusant qu'un jeu ?

Bien entendu, comme beaucoup de choses, le mystère est quelque chose qui s'entretient, et qui demande une habileté certaine dans l'art de ne pas dévoiler son jeu, d'avancer par petites touches. Jouer la carte du mystère est beaucoup plus difficile qu'il n'y paraît et demande une habileté qui n'est pas donnée à tout le monde. Inutile de dire qu'à ce jeu-là je n'ai pas particulièrement excellé, mon côté mystérieux s'apparentant à une constipation passagère qui ferait fuir même les plus indulgents.

Du moins ça, c'était avant… avant que je prenne exemple sur Tyrion Lannister et son art de cultiver le mystère en toutes circonstances. Tyrion n'est pas à proprement dit mystérieux : il ne cache pas de lourds secrets derrière un silence de plomb ou des regards langoureux, ne regarde pas derrière son épaule lorsqu'il marche (sauf quand sa sœur lâche des chasseurs de primes à ses trousses) et ne parle pas par énigmes. Non, en l'état, Tyrion serait même l'antithèse du mec mystérieux, celui qui, par son exubérance, sa manière de ne pas mâcher ses mots, dévoile son jeu *de facto*. Et pourtant, malgré tout ça, Tyrion demeure un personnage difficile à cerner. Pourquoi ? Tout simplement parce qu'il arrive à cultiver une certaine ambiguïté. Tyrion ne vous montrera jamais que ce qu'il veut bien vous laisser voir et s'il est bien moins ambivalent qu'un certain Varys – pour ne citer que lui – il est toutefois capable de vous prendre par surprise, c'est son côté joueur, bluffeur. Par exemple lorsqu'en guise de défense au cours de ses différents procès il réclame un combat singulier pour gagner sa libération.

Imprévisible, il entretient un certain mystère notamment sur sa personne qui derrière la gouaille et les bons mots cache des fêlures aussi séduisantes qu'intrigantes. Ne vous fiez pas aux apparences : si Tyrion semble affable, il ne se laisse pas si facilement approcher. Rares sont ceux qui ont su briser son armure et c'est ce qui le rend aussi attirant. Quand il rencontre Shae, il ne lui faut toutefois pas longtemps pour tomber le masque. Celui que l'on pouvait aisément prendre pour un noble superficiel et cynique, s'est laissé aller à la faveur d'une soirée en compagnie de Bronn et Shae a davantage de profondeur, révélant une mélancolie et un romantisme qu'on ne lui soupçonnait pas.

Comme Tyrion, j'ai appris à cultiver ma part de mystère, me dévoiler petit à petit. Si vous en montrez trop, il n'y a plus rien à découvrir, non seulement la notion de jeu disparaît mais vous prenez également le risque d'être tout de suite prévisible. **Donnez aux gens l'opportunité d'apprendre à vous connaître**. Envisagez cela comme un apprentissage au long cours. Plus vous piquerez la curiosité des gens, plus vous leur donnerez envie d'en savoir plus. Tel un joueur de poker, apprenez à cacher votre jeu et à ne pas faire tapis tout de suite. La récompense en sera d'autant plus grande, pour vous comme pour votre entourage.

CULTIVEZ L'ÊTRE MYSTÉRIEUX
QUI SOMMEILLE EN VOUS,
dévoilez-vous petit à petit.

Tyrion Lannister ne se laisse pas facilement influencer

« Un bon escroc est un farceur ironique qui se joue de la distraction, de l'impertinence, de la naïveté ou de la nervosité de ses contemporains. »
Henri Jeanson

Plus d'une fois je me suis laissé dire que j'étais naïf, que les apparences étaient trompeuses, que je ne devais pas me laisser duper par tel politicien, telle étude scientifique, etc. En ces temps de *fake news*, d'images détournées et de propos repris hors contexte, il est très facile de croire tout et n'importe quoi, et de vouloir se révolter. Que ce soit au comptoir d'un bar, en faisant la queue à la boulangerie ou tout simplement en discutant avec son voisin de table, combien de fois avons-nous pu entendre ou participer à des débats enflammés où chacun veut refaire le monde en se basant sur des informations livrées toutes crues par un titre ou une image racoleuse ? L'effet de groupe peut également avoir un effet ravageur sur notre manière d'orienter notre pensée ou nos actes. Pris dans un mouvement qu'on ne comprend pas tout à fait, désireux de se ranger à la majorité pour mieux lui plaire, nous pouvons être amenés à dire ou faire des choses qui ne nous correspondent pas. **À trop se laisser influencer, on finit par s'oublier**. L'enjeu ici n'est pas tant de savoir qui a tort ou raison mais de comprendre en quoi la pensée unique, celle de l'autre, peut-être amenée à nous modeler et comment, *in fine*, s'en affranchir pour mieux développer notre propre système de pensée. Traduction : méfiez-vous des *fake news* et des foules inquisitrices !

Et au cœur des Sept Royaumes, se laisser monter le bourrichon par un eunuque mal luné ou un proxénète arriviste est monnaie courante ! Pour peu que vous soyez aussi « innocent » que Pod, le fidèle écuyer de Tyrion et Brienne, ou aussi revanchard qu'un Bolton, il y avait de quoi se faire du souci. Un qui n'a jamais pris pour argent comptant ce qu'on lui disait, préférant céder à la raison plutôt qu'à la passion, c'est Tyrion Lannister. Il faut dire que s'il avait pris au premier degré TOUT ce qu'on lui avait rapporté, cela fait bien longtemps qu'il aurait fait trucider la moitié de Westeros. D'ailleurs, il garde une dent tenace contre les chanteurs de toutes sortes : serait-ce pour leur capacité à raconter des bobards ? Comme Saint Thomas, Tyrion est plutôt du genre à croire ce qu'il voit et il n'a rien d'un saint (loin de là). Force est de reconnaître que ce principe lui a été utile plus d'une fois. C'est l'une de ses plus grandes qualités : en refusant de se laisser orienter, de donner à un bruit de couloir plus d'importance qu'il n'en a, Tyrion affirme son indépendance, il clame haut et fort qu'il ne se laisse influencer que par son instinct, que lui seul est à même de savoir ce qu'il doit dire et penser. On ne compte plus le nombre de fois où Varys et Baelish ont tenté de le rallier à leurs causes en colportant des rumeurs. Et si au final Varys a fait de Tyrion son allié c'est en étant parfaitement honnête sur Daenerys.

Ne vous laissez jamais influencer par le tumulte de la foule, qu'elle soit réelle ou virtuelle. Ayez confiance en votre propre capacité d'analyse et de jugement. Nous vivons dans un monde où la communication est au cœur de tous les enjeux. La profusion d'informations et de plates-formes permet aujourd'hui de les vérifier, d'offrir des contrepoints, des compléments salutaires en ces temps où on peut se laisser facilement avoir par des titres trop accrocheurs. Soyez exigeant envers vous-même et prenez le temps de vérifier ce qui en vaut la peine.

Ne prenez jamais ce que l'on vous
dit pour argent comptant,
VOTRE INSTINCT SERA TOUJOURS
VOTRE MEILLEURE BOUSSOLE.

LES MEILLEURES PUNCHLINES DE TYRION LANNISTER

« Il n'est rien de mieux au monde que d'être excité, sinon d'être soûl. »

« Je ne suis qu'un demi-homme, à ce qu'il paraît. Vous êtes quoi, dans ce cas, vous tous ? »

« LES NAINS SONT UNE FORCE DES DIEUX… MAIS CE SONT LES HOMMES QUI FONT LES EUNUQUES. »

« En fait de qualificatifs,
messire, on m'a plutôt gâté,
mais géant est une rareté. »

**« L'or a son emploi,
mais c'est le fer qui remporte
les guerres. »**

« LA GENTILLESSE NE NOUS
EST PAS HABITUELLE
À NOUS, LANNISTER,
JE LE CRAINS, MAIS JE SAIS QUE
J'EN AI UN PEU QUELQUE PART. »

*« Quoi que tu portes, tu restes un nabot.
Jamais tu n'auras la taille de ce satané chevalier
des marches serpentines, jamais ces saloperies
de jambes longues et droites, de ventre dur
et de larges épaules viriles. »*

« LES DIEUX SONT AVEUGLES. ET LES HOMMES NE VOIENT QUE CE QUI LEUR SIED. »

*« N'oublie jamais qui tu es,
car le monde ne l'oubliera pas.
Puise là ta force, ou tu t'en repentiras
comme d'une faiblesse.
Fais-t'en une armure et nul
ne pourra l'utiliser pour te blesser. »*

« Nous avons tous besoin qu'on se fiche de nous, de-ci de-là, où nous ne tarderions guère à nous prendre trop au sérieux. »

**« Je me tiens mieux
dans un fauteuil qu'en selle,
et j'ai plus tôt fait
de brandir une coupe de vin
qu'une hache. »**

« LES COURONNES PRODUISENT DES EFFETS BIZARRES SUR LES TÊTES QU'ELLES COIFFENT. »

« Des demi-vérités valent infiniment plus que des mensonges purs et simples. »

« J'ai assez rêvé pour une courte vie entière. Et tant de folies ! L'amour, la justice, l'amitié, la gloire. Autant rêver d'être grand. »

« UN BAISER HONNÊTE, UN PEU DE TENDRESSE, TOUT LE MONDE, PETIT OU GRAND, EN MÉRITE AUTANT. »

« LE POUVOIR NE SERAIT DONC QU'UNE BLAGUE D'ILLUSIONNISTE ? »

« On peut acheter un homme avec de l'or mais seuls le sang et l'acier le maintiendront loyal. »

« Si un homme se barbouille une cible sur le torse, il doit s'attendre que, tôt ou tard, quelqu'un y décoche une flèche. »

« Les chevaliers ne connaissent qu'une méthode pour résoudre un problème. Ils abaissent leurs lances et chargent. Un nain porte sur le monde un point de vue différent. »

« IL N'EST JAMAIS SAGE DE TENTER LES DRAGONS. »

« Les meilleurs mensonges s'assaisonnent d'une pincée de vérité. »

« Je n'ai besoin que d'une moitié de cervelle pour être ton égal. »

TYRION LANNISTER EST PHILOSOPHE

« ***Être philosophe, cela consiste à exprimer en formules lapidaires des réflexions imbéciles.*** »

CLAUDE AVELINE

« Dans la vie, il faut savoir faire preuve de philosophie »... une fois qu'on a dit ça, on n'a rien dit ! Imaginez un peu le challenge qu'une telle phrase peut susciter, surtout quand on a reçu un cinglant neuf sur vingt au bac de philo et qu'on en garde un souvenir douloureux ! La vie nous réserve son lot d'épreuves, de moments délicats, d'interactions compliquées avec autrui... bref : « *Life's a bitch* », comme dirait le rappeur Nas ! Face à toutes ces petites tuiles et contrariétés que la vie nous envoie, quelle attitude adopter ?

Certains vous diraient qu'il faut être combatif, ne pas se laisser faire, œil pour œil, dent pour dent, et tant pis pour le pacifisme ! Pour tout uppercut donné, en rendre un autre encore plus fort ! Mais cela se traduit par quoi ? Le plus souvent, une vision biaisée de la vie. Ceux qui ne font pas de cadeaux car la vie ne leur en a pas fait se retrouvent bien souvent aigris, seuls, tellement pessimistes et en colère qu'ils suscitent le rejet de leur entourage. Vivant constamment dans la rancœur et la revendication, ils en oublient de vivre, tout simplement.

Des coups, Tyrion Lannister en a reçu, de sa naissance douloureuse à sa nomination comme Main du nouveau Roi des Sept Couronnes. Sa vie a été un véritable chemin de croix parsemée d'épreuves toutes plus périlleuses les unes que les autres. Face à l'adversité, Tyrion a pris la décision de ne pas se lamenter et de prendre tout cela avec philosophie quitte à créer la sienne. Emprisonné à plusieurs reprises, Tyrion aurait pu décider de se jeter dans le vide aux Eyrié ou de se pendre lorsqu'il découvre que Shae l'a trahi, mais non, il préfère faire face et avoir sur le monde et les hommes un regard enrichi par ses propres expériences, entre dépit et espoir. Malicieux, révolté, triste… Tyrion a toujours su quelle réaction avoir. **Tyrion n'est pas du genre à se laisser aller, il a sur la vie une vision qui n'appartient qu'à lui et lui sert de bouclier pour mieux appréhender tout ce qui lui arrive.**

Face à ce que la vie nous réserve, il faut savoir garder une certaine distance, pas forcément émotionnelle, mais une perspective différente. Que l'on appelle ça karma ou autre, il faut savoir tirer les leçons des épreuves que nous traversons afin d'en ressortir plus fort. Comme Tyrion, ayez sur la vie un regard différent, sachez l'appréhender de manière plus intellectuelle qu'émotionnelle.

OSEZ AVOIR UN REGARD DISTANCIÉ,

plus analytique qu'émotionnel…

vous pourriez être surpris !

TYRION LANNISTER EST UN LEADER NÉ

« Tout obstacle renforce la détermination. Celui qui s'est fixé un but n'en change pas. »
LÉONARD DE VINCI

S'il avait vécu de nos jours, Tyrion Lannister aurait été un excellent manager, un chef parfait, de ceux qui savent encourager sans avoir à revendiquer sa position dominante encore et encore. Un chef dont l'empathie et la prestance motivent les salariés à travailler dans la joie, la bonne humeur avec le souci de bien faire pour un patron qui le leur rend bien. S'il avait eu à se pencher sur mon ordinateur au moment de la rédaction de ce livre, Tyrion m'aurait encouragé, aidé à me concentrer en m'évitant de me disperser (ce qui ne veut pas dire qu'il ne se serait pas dispersé lui-même !), mais entre deux flâneries, je l'imagine bien échanger des idées, créer une émulsion afin de rendre le manuscrit le plus appliqué possible. Son perfectionnisme, son art de la joute oratoire m'auraient été bien utiles. « Si tu vas encore sur Facebook, je me débrouillerai pour que tu n'aies plus assez de doigts pour passer d'une fenêtre à l'autre », m'aurait-il certainement dit.

Si Tyrion est un chef né c'est non seulement parce qu'il fédère, mais également parce qu'il sait déléguer. Conscient des limites imposées par son corps, Tyrion a toujours pu compter sur Jaime pour le défendre. En son absence, il n'a eu d'autres choix que d'engager Bronn pour devenir son bras armé. On pourrait également parler de son écuyer Pod qui l'a aidé à maintes reprises. Mais ce qui fait de Tyrion un vrai leader c'est la relation qu'il a su nouer avec toutes ces personnes, allant bien au-delà du simple rapport contractuel. Plus que des « employés », Bronn et Pod sont devenus de véritables amis. Loin de vouloir jouer les hommes-orchestre, Tyrion sait quels talents utiliser pour des résultats bien supérieurs à ceux obtenus s'il avait dû se mettre à la tâche tout seul. Il sait que la clé d'un bon management réside dans la faculté à bien s'entourer. Déléguer est essentiel, ne serait-ce que pour mieux organiser son travail ou valoriser les salariés en leur donnant plus d'autonomie. Entre autres qualités, Tyrion serait un patron confiant, bienveillant. De ceux qui parviennent à identifier vos atouts et vos faiblesses pour mieux vous permettre de vous accomplir. Tyrion ne vous laisserait jamais foncer dans le mur, au contraire, il ferait tout pour que vous puissiez vous épanouir dans votre environnement de travail.

Mais que vous soyez patron ou employé, il y a dans l'attitude de Tyrion de nombreuses leçons à tirer comme autant de points à suivre :

- **Hiérarchiser vos tâches** afin d'éviter de vous dépenser inutilement et de vous disperser. À choisir entre accueillir un diplomate ou espionner un éventuel traître, Tyrion aurait choisi la première tâche, celle aux répercussions immédiates et aurait demandé à un tiers de jouer les espions pour mieux se faire mousser auprès du roi.

- **Ne pas brasser de l'air pour rien.** À trop courir dans tous les sens, vos employés/collègues se sentent obligés de faire de même et créent une ambiance néfaste. Attention au burn-out. Sans se presser, Tyrion aborde les problèmes un à un. S'il est stressé, il ne le montre pas !

- **Régler les problèmes immédiatement.** Pourquoi remettre au lendemain et risquer de laisser pourrir la situation ? Quand une menace plane et requiert une solution immédiate, Tyrion ne décide pas de remettre au lendemain, demandez donc aux soldats de Stannis Baratheon !

- **Savoir gérer l'information.** Ne laissez pas les informations vous passer sous le nez, vous économiserez du temps de surprise et votre propension à les gérer se fera remarquer. Tyrion ne se laisse (presque) jamais surprendre, il aime se mettre à jour et s'adapte.

- **Être réactif.** Cela va de pair avec la gestion de l'information. On saluera toujours plus quelqu'un qui est trop réactif que pas assez. Nous l'avons vu précédemment, Tyrion sait réagir dans l'urgence, à défaut de lui sauver la peau, cette qualité lui aurait valu d'être un vrai modèle en milieu professionnel.

- **Sociabiliser.** Travailler c'est bien, sociabiliser c'est mieux. N'oubliez jamais qu'à moins d'être dans l'auto-entreprenariat, vous n'êtes jamais seul au sein de l'entreprise qui vous emploie.

- **Apprenez à connaître les autres pour mieux travailler en équipe**. Plus sociable que Tyrion tu meurs, l'homme est devenu maître dans l'art de se faire des amis… et des ennemis. Dans une entreprise, il aurait été employé du mois, douze mois de suite avant de passer manager !

- **Ne pas jouer les tire-au-flanc.** Nous avons tous connu le type qui fait semblant de travailler mais n'en fiche pas une. Même avec un bagout extraordinaire, ce genre de comportement passe mal. Tyrion l'a bien compris : quand il se concentre, même les supplications de la douce Shae ne peuvent le détourner de son travail !

- **Ne pas sembler débordé.** Il n'y a rien de pire pour un employé que de se retrouver devant un patron qui semble ne pas s'en sortir avec ses tâches. « Un problème à la fois » serait le credo de Tyrion en milieu professionnel.

SOYEZ LE LEADER DONT
LES SEPT ROYAUMES RÊVERAIENT,
n'hésitez pas à fédérer autour de vous.

TYRION EST PRESQUE TOUJOURS PRUDENT

« ***La véritable prudence est de bien connaître les hommes.*** »
CONFUCIUS

En voilà un bel exemple de titre mensonger. Si nous étions sur Internet je vous dirais que c'est un titre racoleur ! Non, s'il y a bien une chose que Tyrion n'est pas, c'est prudent, et pourtant… Si Tyrion est une tête brûlée, ou plutôt a été une tête brûlée, ses expériences lui servent toujours de leçon. Comme tout bon stratège doté d'un sacré instinct de survie, ou tout simplement de bon sens, il étudie toujours le terrain, ses tenants et aboutissants avant de s'y aventurer. **Tout téméraire qu'il est, Tyrion prendra toujours le temps de l'observation avant d'entamer quoi que ce soit.** Il évitera de se mettre en danger inutilement (il tient bien trop au vin et aux femmes pour ça !) pour mieux analyser et prendre la décision qui s'impose.

« Prudence est mère de sûreté » est d'autant plus vrai qu'être prudent c'est avant tout se mettre à l'abri de bien des soucis, éviter les problèmes, les conflits et les accidents de toute sorte avec la dextérité d'un Jaime Lannister au combat ! Et pourtant nous avons beau être prévenus, notamment par cette petite voix qu'on appelle l'instinct, on optera toujours plus pour le risque que pour la prudence. Comme si nous devions avoir confirmation par l'acte de notre insouciance. Contrairement aux idées reçues, il ne s'agit pas d'un excès de confiance, loin de là. Aujourd'hui, nous avons totalement arrêté d'écouter notre instinct, nos « tripes », ce sentiment étrange que l'on peut avoir et qui nous crie « Non, ça ne sent pas bon là ! ». « Tu ne sais rien, Jon Snow » avait coutume de dire Ygritte à son preux Garde de Nuit. Nul doute qu'elle dirait la même chose à l'homme moderne, trop certain de ses acquis mais qui, au final, ne sait rien tant qu'on ne lui a pas appris.

À la différence d'un Tyrion qui sait écouter ses tripes, nous nous sommes souvent laissé duper par notre excès de confiance, ce refus d'écouter notre petite voix, celle-là même qui nous alerte que manger des huîtres en plein été n'est pas la meilleure idée du monde, ou qu'il faut éviter de se sécher les cheveux trop près de l'eau. Avez-vous déjà vu Tyrion se risquer à taquiner un dragon ou foncer tête baissée contre un Marcheur Blanc ? Non, mais qui parmi nous n'a jamais rêvé de le faire ? Tyrion est souvent impétueux, parfois même imprudent, mais quand c'est le cas, il en a mesuré les risques et en assume parfaitement les conséquences. Contrairement à lui, nous n'assumons pas toujours les conséquences de notre imprudence, préférant mettre cela sur le dos de facteurs extérieurs ou d'une forme de maladresse de notre part.

Combien de fois l'instinct de Tyrion lui a permis d'anticiper les bassesses de telle ou telle personne ? Demandez à mestre Pycelle, l'espion de Cersei, ce qu'il pense ! Aujourd'hui nous sommes de plus en plus réticents à l'idée de nous reconnecter à notre moi profond, cette petite voix qui nous a toujours alertés sans jamais se décourager. À y repenser, on se rend compte qu'elle ne nous a jamais trompés. Encore faut-il accepter de se (re)faire confiance, de se fier à nos instincts mêmes les plus primaires. Cette confiance-là est toujours récompensée !

ÉCOUTEZ TOUJOURS
VOTRE INSTINCT,
il vous alertera non seulement sur les risques matériels mais également sur les gens.

UNE JOURNÉE DANS LA VIE DE

TYRION LANNISTER

SAISON 8

« CE MATIN, POUR LA PREMIÈRE FOIS depuis longtemps, je me suis réveillé avec la gueule de bois. Non pas de celles qui me tournaient la tête il y a encore quelques années, mais un autre type de gueule de bois n'impliquant ni alcool ou autres substances. Il faut dire que ces dernières semaines ont été très mouvementées. À mesure que nous avançons vers le Trône de Fer, je sens le pouvoir obscurcir de plus en plus le jugement de Daenerys. Plus les jours passent, plus j'en appelle à sa clémence, un fossé de plus en plus grand se dresse entre nous et ce n'est qu'une question de jours avant qu'elle ne m'arrête pour trahison. Sortir d'une prison pour rentrer dans une autre, voilà qui serait ironique !

ET POURTANT, EN DÉPIT DE NOS DIVERGENCES et des avertissements de Varys, je continue de croire en ma

Reine. Quelque chose en elle m'a touché, profondément bouleversé jusque dans mon être, elle m'a transformé, je me suis découvert un autre homme à son contact. Je ne veux pas croire que tout cela était vain.

MA FOI A CEPENDANT ÉTÉ MISE À RUDE ÉPREUVE lorsque j'ai vu ma Reine transformer Varys en poulet grillé. Et qu'on ne me dise pas que c'est parce que son dragon a éternué, c'était une exécution en bonne et due forme. Le pouvoir corrompt toutes les âmes, maintenant j'en ai le cœur sûr. S'il y a une chose que l'on pourra me reprocher c'est d'avoir été bien naïf pour un Lannister. Et alors que je pensais la colère de Daenerys apaisée, voilà qu'elle incendie une ville entière. Certes, Cersei ma chère sœur n'a pas été très honnête en exécutant la confidente et amie de Daenerys sous ses yeux mais il y a des limites, on peut discuter ! Je rêvais d'une reine juste et posée, j'ai hérité d'une furie qui change d'humeur d'un épisode... euh, d'une saison, à l'autre !

PASSÉ CE FÂCHEUX INCIDENT, je prends la décision de renoncer à mes fonctions et me fais arrêter pour haute trahison. Revenu en cellule, je reçois la visite de Jon Snow. Lorsque je tente de lui faire comprendre que la seule solution pour ne pas plonger le monde dans le chaos est de tuer Daenerys, je sens bien qu'il n'est pas fan de l'idée. « Le devoir est la mort de l'amour », j'en ai moi-même fait l'amère expérience il n'y a pas si longtemps. Je sens que, comme moi, il tourne tel un lion en cage. Au fond de lui, il sait quelle décision prendre. Ça lui déchire le cœur, le mien aussi... et accessoirement celui de Daenerys également.

LA MÈRE DES DRAGONS MORTE et le Trône de Fer calciné, il est temps de nommer un nouveau souverain. Et qui mieux que Bran, dont les pouvoirs lui permettent de voir aussi bien le passé que l'avenir ? L'idée vous plaît ? Normal, elle vient de moi ! Comme un juste retour des choses, Bran me nomme Main pour mener à bien les affaires du royaume pendant qu'il... fera ce qu'il a à faire. Je doute d'avoir un jour à le recadrer mais comme on dit : « on a toujours besoin d'un plus petit que soi ». Toutes ces émotions m'ont épuisé, je vais me faire une petite session de *binge watching*, tiens ! »

UNE JOURNÉE
AVEC TYRION

IL EST HUIT HEURES DU MATIN, votre réveil sonne mais étrangement, vous n'avez pas envie de répondre à son appel. Mais voilà, le devoir n'attend pas et la route est longue jusqu'au bureau. Un café bu en vitesse, une tartine à moitié préparée et vous êtes déjà parti. Vous ne savez trop pourquoi mais vous êtes déjà stressé ; la perspective d'arriver en retard, certainement. Arrivé sur le quai du métro, vous vous frayez un chemin dans la rame bondée, les gens vous bousculent sans s'excuser, comme s'ils ne vous voyaient pas. Vous vous fondez dans la masse, compressé, déjà excédé alors que le trajet a à peine commencé. Une heure plus tard, vous arrivez enfin à votre station, descendez précipitamment sans vous excuser. À quelques pas de votre bureau, vous croisez un SDF qui vous demande une petite pièce, vous l'ignorez pour courir vers votre lieu de travail. Il est neuf heures passées de cinq minutes, votre supérieur ne va pas être content, il déteste les retards. Ça ne rate pas : alors que vous pensiez pouvoir arriver tranquillement, il vous engueule copieusement, vous humilie même et vous ordonne de vous mettre au travail immédiatement. Comme premier jour de la semaine, on a vu mieux !

AU FOND DU TROU, déprimé, vous êtes sur le point de craquer... heureusement vous avez un super collègue du nom de Tyrion. D'ailleurs, où est-il ? À peine cette pensée a-t-elle quitté votre esprit que Tyrion arrive dans le bureau avec une bonne heure de retard, mais frais comme un gardon, il prend le temps de saluer tout le monde avant de se mettre au travail. C'est drôle car quand Tyrion arrive dans une pièce, tout le monde s'arrête de bouger comme envoûté par sa présence. Tout le monde semble heureux de le voir. Même le patron, alors qu'il s'avance vers lui s'apprêtant à lui faire une remarque, stoppe sa course. S'ensuit une joute verbale dont Tyrion finit par ressortir vainqueur, déboutant tous les arguments de son supérieur avec tact et assurance. Lorsqu'il vous voit totalement désemparé, Tyrion vous demande ce qui ne va pas.

IL PREND LE TEMPS DE VOUS ÉCOUTER, de retracer le fil de votre matinée. Vous lui demandez comment il fait pour ne jamais se laisser décontenancer. Quel est son secret ? Il vous répond que tout est dans la tête, que la seule prison que vous vous forgez est mentale, qu'il faut que vous preniez conscience de votre force intérieure, et que tout est une question de confiance. Un à un, il vous fait l'inventaire de ses enseignements et vous invite à voir la vie autrement. Vous décidez de prendre au pied de la lettre tout ce qu'il vous dit, d'être la personne que vous voulez être.

LE LENDEMAIN, vous laissez votre réveil sonner quelques minutes de plus, prenez le temps de vous réveiller, de prendre votre petit-déjeuner. Vous êtes plus serein sur le trajet, vous prenez même la peine de donner une petite pièce au SDF du coin. Et lorsque votre patron décide de vous prendre à partie, vous reprochant vos quelques minutes de retard, vous n'hésitez pas à vous imposer avec calme et fermeté.

DEPUIS VOTRE DISCUSSION AVEC TYRION, vous avez décidé de prendre le temps de vivre, de croire en vous et en votre capacité d'occuper le temps et l'espace. Discrètement, Tyrion vous fait un clin d'œil. Vous le sentez fier, comme un maître qui verrait son élève prendre son envol.

BIBLIOGRAPHIE

Maximes et pensées de Tyrion Lannister, illustrées par Marc Simonetti, de George R.R. Martin, éditions J'ai Lu, 2014

Le Trône de Fer. L'Intégrale (A Game of Thrones), Tomes 1 à 5, de George R.R. Martin, éditions J'ai Lu, 2019

La Mythologie selon Game of Thrones, de Gwendal Fossois, éditions de l'Opportun, 2019

Game of Thrones. Une fin sombre et pleine de terreur, de Marianne Chaillan, éditions des Équateurs, 2019

L'Univers impitoyable de Game of Thrones. Des livres à la série, enquête et décryptage, de Nicolas Allard, éditions Armand Colin, 2018.

NOTES

Imprimé en France par CPI en janvier 2021
N° d'impression : 2055951
ISBN : 978-2-36075-994-1
Dépôt légal : juin 2020